Anne-Sophie Coulon

50 MAPS
BERLIN

MIT DIESEM INFORMATIVEN, WITZIGEN REISEFÜHRER ENTDECKEN SIE DIE 500 BESTEN ADRESSEN IN BERLIN:

Neben den bekannten Top-Sehenswürdigkeiten und Hotspots lernen Sie versteckte Orte und Geheimtipps kennen und folgen dem Autor zu seinen Lieblingsorten. Die zauberhaft illustrierten Karten lassen Sie das Gefühl gewinnen, Sie würden die Stadt bereits kennen - noch bevor Sie auch nur einen Fuß auf Berliner Boden gesetzt haben.

WEGWEISER DURCH DAS BUCH

♥ Liebling des Autors

👁 unbedingt sehenswert

€ günstig
€€ mittelpreisig
€€€ gehobene Preisklasse
€€€€ teuer
€€€€€ Luxus

01 BERLINER STADTTEILE

Böse Zungen behaupten, Berlin bestehe aus vielen Dörfern, die sich, um Kosten zu sparen, ein Schienennetz teilen, und zwar das der eher ungeliebten Berliner Verkehrsbetriebe (BVG). Tatsache ist, dass die Berliner Stadtteile alle ihren ureigenen Charakter haben und so unterschiedlich sind, wie es auch Dörfer sein können. Dorf oder nicht – entscheiden Sie selbst!

❶ CHARLOTTENBURG-WILMERSDORF
Im bürgerlichen Viertel mit Pariser Charme leben viele Franzosen und Russen. Kulturbeflissene finden hier zahlreiche Museen.

❷ SCHÖNEBERG
Berlins größte Schwulen- und Lesbengemeinde fühlt sich in Altstadtwohnungen mit hohen Decken zu Hause. Restaurants, Wein- und Modeläden gibt's im Überfluss.

❸ NEUKÖLLN
Der Stadtteil mit dem Schmuddelimage ist neuerdings für die Betreiber von Kunstgalerien und In-Kneipen attraktiv.

4 FRIEDRICHSHAIN
Alternatives Szene- und Kneipenviertel östlich der Spree. Bei Touristen beliebt ist die East Side Gallery, ein von Künstlern bunt bemalter und besprühter Rest der Berliner Mauer.

5 MITTE ♥
Aus der alten ist die neue Mitte geworden: Hier findet man Brandenburger Tor, Unter den Linden, Fernsehturm, Rotes Rathaus, Museen sowie zahlreiche Läden und Kneipen. Touristen und Hipster lieben es!

6 KREUZBERG ♥
Das alternative Multikulti-Viertel an der Spree ist seit dem Mauerfall schicker geworden. Eine Menge bunter und skurriler Kneipen gibt es aber nach wie vor.

7 PRENZLAUER BERG ♥
Das zu DDR-Zeiten vernachlässigte Viertel erlebte dank Sanierung und Zuzug kreativer Menschen einen Höhenflug sondergleichen.

8 WEDDING-MOABIT
Zwei Ur-Berliner Arbeiter- und Studentenviertel mit multikulturellem Flair.

9 TIERGARTEN
Der mit 200 ha größte Park Berlins, ehemals Jagdrevier, hat diesem gutbürgerlichen Viertel seinen Namen gegeben.

10 TEMPELHOF
Den grünen Stadtteil mit den Gründerzeit-Altbauten entdecken immer mehr junge Familien für sich. Unbedingt sollte man den ehemaligen Flughafen Tempelhof, das viertgrößte Gebäude der Welt, besichtigen!

02 BERLINER MUST-SEES

Kennedys berühmten Satz »Ich bin ein Berliner« nachzuplappern, reicht nicht, um ein Berlin-Kenner zu werden. Diese zehn Sehenswürdigkeiten sollte man mindestens gesehen oder fotografiert haben, wenn man mitreden will. Wer dann noch rechts und links guckt, kann, abgesehen vom kulturellen und historischen Mehrwert, noch tiefer eintauchen ins Berliner Lebensgefühl.

1 BRANDENBURGER TOR ♥
Symbol deutscher Geschichte: Hier marschierten Napoleon und Hitler, wollte Reagan die Mauer niederreißen und konnte Obama endlich eine Rede halten.
Pariser Platz, Mitte

2 HOLOCAUST-MAHNMAL
2 711 Stelen erinnern mitten in Berlin an die von den Nazis ermordeten Juden.
Cora-Berliner-Straße 1, Mitte

3 EAST SIDE GALLERY
Von Künstlern gestaltete Freiluftgalerie auf einem 1,3 km langen Rest der Mauer.
Mühlenstraße, Friedrichshain

❹ **GENDARMENMARKT**
Französischer und Deutscher Dom rahmen das klassizistische Ensemble aus dem 18. Jahrhundert.
Gendarmenmarkt, Mitte

❺ **MUSEUMSINSEL** ♥
Ganze fünf Museen wollen hier besucht werden. Sie zeigen vornehmlich antike und neuzeitliche Kunstschätze, darunter auch die Büste der schönen ägyptischen Königin Nofretete im Neuen Museum.
Museumsinsel, Mitte

❻ **SCHLOSS CHARLOTTENBURG** ♥
Das größte Berliner Schloss ist die ehemalige Residenz der Hohenzollernfamilie, die einige preußische Herzöge und Könige hervorgebracht hat.
Spandauer Damm 20–24, Charlottenburg

❼ **REICHSTAG**
Vor dem Besuch dieses geschichtsträchtigen Bauwerks unbedingt online anmelden.
Platz der Republik 1, Tiergarten

❽ **FERNSEHTURM**
Mit dem 368 m hohen Turm am Alex wollte die DDR ihre Macht demonstrieren.
Panoramastraße 1A, Mitte

❾ **GEDENKSTÄTTE BERLINER MAUER**
Der DDR-Soldat, der über Stacheldraht springt, Ost-Berliner Bürger, die sich aus den Fenstern ihrer Wohnungen in den Westen fallen lassen – hier ist's passiert.
Bernauer Straße 111, Prenzlauer Berg

❿ **SONY CENTER**
Futuristisches Gebäude-Ensemble der 1990er-Jahre von Helmut Jahn.
Potsdamer Platz, Tiergarten

03 STADT DER MUSEEN

Die Zahl und Bandbreite der Berliner Museen ist überwältigend. Doch Augen auf bei der Museumswahl: Immer wieder sind Museen wegen Renovierungsarbeiten für mehrere Jahre geschlossen, aktuelle Beispiele sind Pergamonmuseum und Neue Nationalgalerie. Dafür sind die Pforten nicht weniger Häuser wie Martin-Gropius-Bau oder Jüdisches Museum auch montags geöffnet – ideal für ein verlängertes Wochenende.

1 NEUES MUSEUM
Bedeutende Werke aus Vor- und Frühgeschichte, Antike und dem alten Ägypten.
Bodestraße 1-3, Mitte

2 ALTE NATIONALGALERIE
Außen ein Tempel, innen Gemälde vom Klassizismus über die Romantik und den Biedermeier bis zum französischen Impressionismus.
Bodestraße 1-3, Mitte

3 MUSEUM BERGGRUEN
Private Sammlung mit Werken von Klee, Picasso, Matisse, Giacometti und Braque.
Schlossstraße 1, Charlottenburg

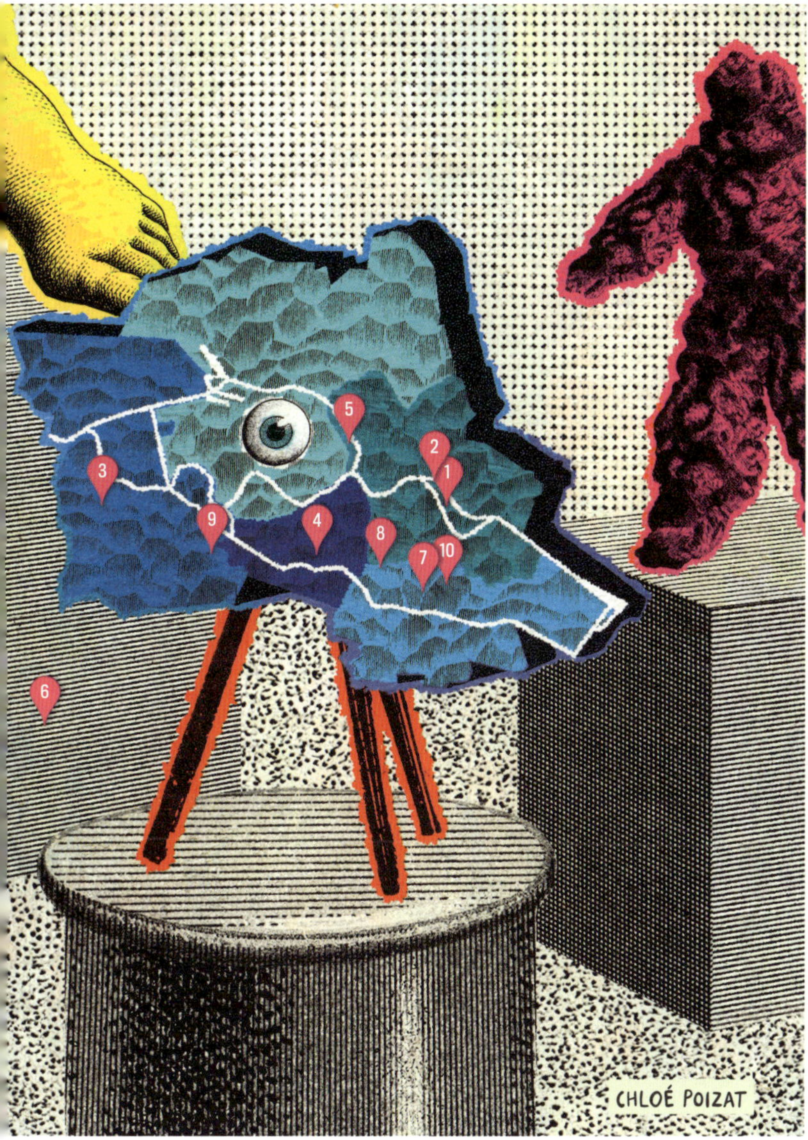

4 GEMÄLDEGALERIE 👁
Erstklassige Sammlung europäischer Malerei des 13. bis 18. Jahrhunderts, darunter Werke von Rafael, Tizian oder Rembrandt.
Matthäikirchplatz, Tiergarten

5 HAMBURGER BAHNHOF – MUSEUM FÜR GEGENWART ♥ 👁
Zeitgenössische Kunst seit den 1950er-Jahren mit Werken von Joseph Beuys, Andy Warhol, Cy Twombly, Anselm Kiefer, Nam June Paik u. a.
Invalidenstraße 50–51, Mitte

6 BRÜCKE MUSEUM 👁
Expressionistische Kunst im idyllischen Dahlem: Ausstellung der wichtigsten Werke der avantgardistischen Künstlergruppe »Brücke«.
Bussardsteig 9, Dahlem

7 JÜDISCHES MUSEUM BERLIN 👁
Aus der Vogelperspektive sieht das Museum aus wie ein zerborstener Davidstern. Die Ausstellung variiert.
Lindenstraße 9–14, Kreuzberg

8 MARTIN-GROPIUS-BAU ♥
Der Renaissancebau zeigt große Ausstellungen zeitgenössischer (Foto-)Kunst.
Niederkirchnerstraße 7, Mitte

9 C/O BERLIN 👁
Einer der wichtigsten Orte für zeitgenössische Fotografie in Deutschland.
Hardenbergstraße 22, Charlottenburg

10 BERLINISCHE GALERIE ♥
Das junge Museum zeigt in Berlin entstandene interdisziplinäre Kunst (Grosz, Dix, Lissitzky u. a.).
Alte Jakobstraße 124–128, Kreuzberg

04 KREATIVE KUNSTSCHMIEDE

Berlin ist ein Labor für zeitgenössische Kunst und nirgendwo sonst ist sie für den geneigten Betrachter so leicht zugänglich wie hier. Die Kunstszene ist bunt und umtriebig und die Galeristen haben sowohl die Arrivierten als auch die jungen Wilden im Visier und unter Vertrag. Nehmen Sie sich ordentlich Zeit und machen sich selbst ein Bild!

❶ SAMMLUNG BOROS

Aufregende zeitgenössische Kunst des Sammlers Christian Boros, der Teile seiner umfangreichen Sammlung in einem ehemaligen Luftschutzbunker ausstellt. Anmeldung auf der Website nötig.
Reinhardtstraße 20, Mitte

❷ ME COLLECTORS ROOM - STIFTUNG OLBRICHT ♥

Wechselausstellungen internationaler zeitgenössischer Kunst von Privatsammlern. Vor allem Kinder und Jugendliche sollen hier Spaß an Kunst bekommen.
Auguststraße 68, Mitte

3 KUNST-WERKE INSTITUTE FOR CONTEMPORARY ART 👁
Kunst machen und ausstellen - Ort des künstlerischen Austausches.
Auguststraße 69, Mitte

4 JOHANN KÖNIG GALLERY BERLIN ♥
König hat knapp 30 Künstler wie Camille Henrot oder Annette Kelm unter Vertrag.
Dessauer Straße 6-7, Tiergarten.

5 BLAIN|SOUTHERN ♥ 👁
Internationale Kunst in einem Trakt der ehemaligen »Tagesspiegel«-Druckerei.
Potsdamer Straße 77-87, Schöneberg

6 GALERIE CAMERA WORK
Eine der führenden Galerien in Sachen zeitgenössischer Fotokunst.
Kantstraße 149, Charlottenburg

7 ISABELLA BORTOLOZZI GALERIE
Skulpturen, Klanginstallationen, Fotos ...
Schöneberger Ufer 61, Schöneberg

8 GALERIE EIGEN + ART
In den 1980er-Jahren illegal begonnen in Leipzig, heute Vertreterin etablierter und junger Künstler.
Auguststraße 26, Mitte

9 ESTHER SCHIPPER
Die einflussreiche Galeristin setzt auf Künstler wie Angela Bulloch, Thomas Demand, Liam Gillick, Carsten Hölle ...
Schöneberger Ufer 65, Schöneberg

10 MEHDI CHOUAKRI GALLERY
Stars der zeitgenössischen Kunst wie Saâdane Afif oder Philippe Decrauzat werden durch diesen Galeristen vertreten.
Invalidenstraße 117, Mitte

05 SPIELPLATZ DER LITERATEN

Inspirationsquelle, Flucht- und Arbeitsort – nicht nur deutsche Schriftsteller, sondern auch die schreibenden Kollegen aus aller Welt fühlten und fühlen sich im schön-hässlichen Berlin lebendig und von der Muse geküsst. Kleine Literatentour zu Orten, wo Voltaire, die Brüder Grimm, Vladimir Nabokov, Robert Musil, Bertolt Brecht, Christa Wolf und viele andere ihre Spuren arbeitend und – zuweilen exzessiv – lebend hinterlassen haben.

1 CHRISTOPHER ISHERWOOD

In diesem Haus, mitten im schwul-lesbischen Viertel, schrieb der Autor die »Berlin Stories«.
Nollendorfstraße 17, Schöneberg

2 FRANZ HESSEL

Der Autor von »Spazieren in Berlin« lebte hier von 1933 bis 1936.
Lindauer Straße 8, Schöneberg

3 ROBERT MUSIL

Eine Marmortafel erinnert an den Ort, wo Musil den »Mann ohne Eigenschaften« verfasste.
Kurfürstendamm 217, Charlottenburg

4 VLADIMIR NABOKOV ♥
Der russische Schriftsteller wohnte von 1932 bis 1937 in diesem Haus in Berlin, der Drehscheibe für Exilrussen.
Haus Nestorstraße 22, Wilmersdorf

5 THEODOR FONTANE ♥
Zehn seiner Romane spielen ganz oder teilweise in der Hauptstadt, z. B. »Effi Briest«. Auf dem Friedhof 2 der französisch-ref. Gemeinde ist ihm eine Gedenkstätte gewidmet. Über berliner-autoren-fuehrungen.de kann man eine Führung durch Fontanes Berlin machen.
Kirchstraße 13, Moabit

6 VOLTAIRE ♥
Bis sich ihre Wege im Streit trennten, war Voltaire drei Jahre zu Gast bei Friedrich dem Großen im Schloss von Sanssouci.
Maulbeerallee, 14469 Potsdam

7 BERTOLT BRECHT
Wie damals: Die Wohnungen des Dramatikers und seiner Frau Helene Weigel können mit dem Brecht-Archiv im 2. Stock besichtigt werden.
Chausseestraße 125, Mitte

8 ALFRED DÖBLIN
Sicher vor Diebstahl und Beschädigung: Die Büste Döblins steht nun in der Bezirkszentralbibliothek.
Frankfurter Allee 14A, Lichtenberg

9 BRÜDER GRIMM
20 Jahre lebten die Brüder in Berlin.
Alte Potsdamer Straße 5, Tiergarten

10 CHRISTA WOLF
Die kontrovers diskutierte Schriftstellerin hat hier bis 1988 gewohnt.
Friedrichstraße 133, Mitte

06 TREFFEN DER STARARCHITEKTEN

Diese Stadt wird niemals fertig: Die Wunden durch den Zweiten Weltkrieg und die Berliner Mauer sind noch nicht überall geschlossen, geschweige denn vernarbt. Doch die Stararchitekten der Welt gaben und geben ihr Bestes und haben auch die eine oder andere Bausünde hinzugefügt. Berlin ist das Fest der Stile – von Klassizismus über Bauhaus und stalinistischem Plattenbau bis zu Nazi-Architektur und Post-Postmoderne ist alles vertreten.

1 JÜDISCHES MUSEUM BERLIN ♥
Zerlegte Achsen neben ehemaligem barockem Kammergericht von Stararchitekt Daniel Libeskind.
Lindenstraße 9–14, Kreuzberg

2 BUNDESKANZLERAMT
Monumentales Vordach und viel Glas als Zeichen der Transparenz von Axel Schultes und Charlotte Frank.
Willy-Brandt-Straße 1, Tiergarten

3 REICHSTAGSKUPPEL ♥
Symbol der deutschen Demokratie aus Glas und Stahl von Norman Foster.
Platz der Republik 1, Tiergarten

❹ **DZ-BANK**
Spektakuläre Formen von Frank O. Gehry: Die gewölbte Skulptur im Atrium windet sich über mehrere Geschosse.
Pariser Platz 3, Mitte

❺ **FRANZÖSISCHE BOTSCHAFT**
Klare Formensprache von Christian de Portzamparc und Steffen Lehmann.
Pariser Platz 5, Mitte

❻ **KONZERTHAUS UND ALTES MUSEUM**
Neoklassizismus vom Feinsten à la Karl Friedrich Schinkel.
Gendarmenmarkt & Am Lustgarten, Mitte

❼ **NEUE NATIONALGALERIE ❤**
Meisterwerk von Ludwig Mies van der Rohe – im Moment leider nur von außen zu besichtigen.
Potsdamer Straße 50, Tiergarten

❽ **DEUTSCHES ARCHITEKTUR ZENTRUM**
Gegenwart und Zukunft des Bauens in Vorträgen und Ausstellungen.
Köpenicker Straße 48–49, Kreuzberg

❾ **MIES VAN DER ROHE HAUS**
Auch wenn die Nationalgalerie geschlossen ist: 20 Minuten vom Alexanderplatz lässt sich die Architektur Mies van der Rohes in seinem letzten Wohnhausbau (1932) in Verbindung mit der passenden Kunst erleben.
Oberseestraße 60, Weißensee

❿ **HAUS DES RUNDFUNKS**
Die charakteristische Klinker- und Keramikplattenverkleidung kennzeichnet den heutigen Sitz des Rundfunks Berlin-Brandenburg (RBB), den Hans Poelzig Ende der 1920er-Jahre plante.
Masurenallee 8–14, Charlottenburg

07 DAS GLÜCK LIEGT AUF DER WIESE

Wer hätte gedacht, dass die Metropole Berlin, begehrtes Objekt der Architekten, so grün ist! Die Zahl der Parks, Wälder und Seen ist in der Tat beeindruckend und für jede Form der städtischen Naturliebe findet sich das geeignete Terrain. Flaneure, Wanderer, Radfahrer, Mittagsschläfer, Müßiggänger, Picknickliebhaber und selbst Nudisten gehen in den Park ihrer Wahl – machen Sie es einfach wie die Berliner!

❶ GÖRLITZER PARK
Nicht schön, aber lebendig mit Grillen, Frisbee und Chillen. Nachts meiden!
Görlitzer Straße, Kreuzberg/Neukölln

❷ MAUERPARK
Ein Teilstück des ehemaligen Mauerverlaufs ist Grill-, Jonglier- und Trommelstation, sonntags mit Karaoke und Flohmarkt. Günstige Fahrradausflüge.
Gleimstraße 55, Prenzlauer Berg

❸ TREPTOWER PARK
Freizeitpark an der Spree mit sonnigen Liegewiesen und geschwungenen Wegen.
Alt-Treptow, Treptow

4 GROSSER TIERGARTEN ♥
Berlins Central Park war einst Jagdrevier.
Straße des 17. Juni 31, Tiergarten

5 VOLKSPARK FRIEDRICHSHAIN
52 ha großer Park an der Grenze zu Prenzlauer Berg: Zwei kleine Hügel aus Kriegsschutt sorgen im Winter für Rodelspaß, im Sommer laden die riesigen Freiflächen und der Märchenbrunnen ein.
Am Friedrichshain 1, Friedrichshain

6 VOLKSPARK HUMBOLDTHAIN
Der Park ist dem Geografen und Naturforscher Humboldt gewidmet und besitzt ein hübsches Freibad.
Wedding und Mitte

7 BOTANISCHER GARTEN ♥ 👁
Auf den riesigen Grünflächen und in den Schaugewächshäusern, die um das 19. Jahrhundert entstanden und seltene Pflanzen zeigen, können sich Pflanzenliebhaber verlieren.
Königin-Luise-Straße 6–8, Lichterfelde

8 SCHLOSSPARK CHARLOTTENBURG
Barock- und englischer Landschaftsgarten vor Schlosskulisse – trotzdem für alle.
Spandauer Damm 10–22, Charlottenburg

9 VIKTORIAPARK
Höchster Berg Berlins (Kreuzberg, 66 m), Wasserkaskaden und steile Wege – schön!
Südliches Kreuzberg

10 TEMPELHOFER FELD ♥ 👁
Auf den Landebahnen des Flughafens Tempelhof, wo im Jahr 2008 der letzte Flieger abhob, vergnügen sich nun Skater, Radfahrer, Kiter, Jogger und ganze Familien.
Tempelhof

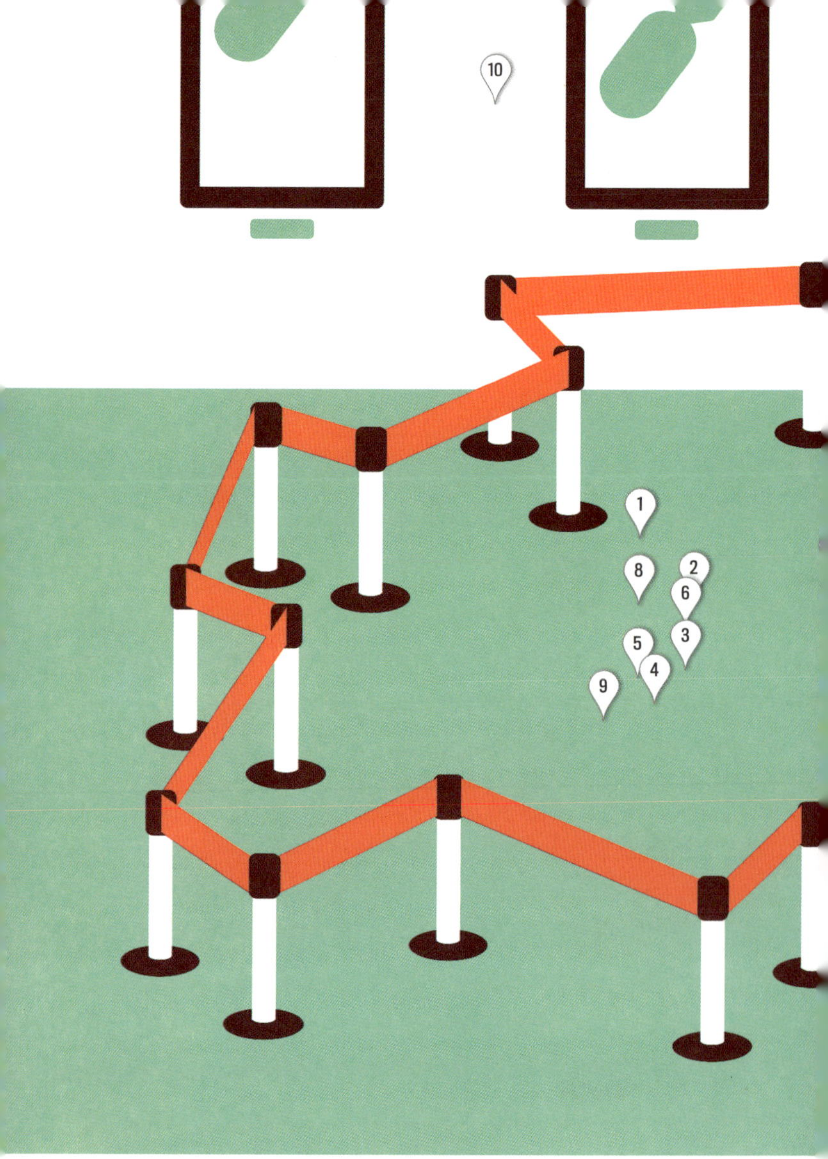

08 NARBEN DER GESCHICHTE

Die Geschichte dringt Berlin aus allen Poren – Nazi-Gräuel, Zerstörung und Wiederaufbau, Teilung und Wiedervereinigung. Die Narben sind sichtbar und wollen gesehen werden.

❶ BERLINER UNTERWELTEN E. V. ♥
Geister-U-Bahnhöfe, Fluchttunnel von Ost nach West, Bunkerruinen aus dem Zweiten Weltkrieg – auf diesen und anderen Führungen taucht man tief ein in die jüngere Geschichte Berlins.
Brunnenstraße 105, Prenzlauer Berg

❷ THE MISSING HOUSE 👁
Eine Bombe hat im Scheunenviertel diese Lücke geschlagen. Der französische Künstler Christian Boltanski hat Name, Beruf und Todesdatum der einstigen Bewohner auf Schildern verewigt.
Zwischen Große Hamburger Straße 15 und 16, Mitte

❸ VERSUNKENE BIBLIOTHEK 👁
Das Kunstwerk des israelischen Künstlers Micha Ullman erinnert an die Bücherverbrennung vom 10. Mai 1933, bei der die Nationalsozialisten über 20 000 Bücher in die Flammen warfen.
Bebelplatz, Mitte

4 TOPOGRAPHIE DES TERRORS
Dokumentationszentrum zu den Nazi-Verbrechen, wo einst die Gestapo folterte.
Niederkirchnerstraße 8, Mitte

5 HOLOCAUST-MAHNMAL 👁
2 711 Betonstelen und, darunter, ein Ort der Information erinnern an die 6 Millionen ermordeten Juden Europas.
Cora-Berliner-Straße 1, Mitte

6 STOLPERSTEINE ♥ 👁
Die kleinen Messingplaketten auf dem Gehsteig erinnern an Berlins NS-Opfer.
Fast in jeder Straße, z. B. Große Hamburger Straße, Mitte

7 GEDENKSTÄTTE BERLIN-HOHENSCHÖNHAUSEN 👁
Den Alltag im ehemaligen Untersuchungsgefängnis des Ministeriums für Staatssicherheit (MfS) kann man hier hautnah nachempfinden.
Genslerstraße 66, Lichtenberg

8 GEDENKSTÄTTE BERLINER MAUER ♥ 👁
Die Absurdität der deutschen Teilung wird hier mit einem letzten Mauerstück und anderen Dokumenten vorgeführt.
Bernauer Straße 111, Prenzlauer Berg

9 GEDENKSTÄTTE DEUTSCHER WIDERSTAND
Im Hof des Bendlerblocks wurden die Offiziere nach dem misslungenen Attentat auf Hitler am 20. Juli 1944 erschossen.
Stauffenbergstraße 13-14, Tiergarten

10 GEDENKSTÄTTE UND MUSEUM SACHSENHAUSEN
Ehemaliges Konzentrationslager, von Berlin in einer Stunde zu erreichen.
Straße der Nationen 22, Oranienburg

09 GOOD BYE, LENIN !

Die DDR lebt weiter, wenn auch nur in zahlreichen Läden, Hostels, Cafés und (privaten) Museen. Sie erinnern an eine Zeit der Knappheit und der unverwechselbaren Produkte, die in Zeiten des Überflusses eine Sehnsucht nach den ›wahren Werten‹ heraufbeschwört. Ostalgie nennen's die einen, süß-bittere Kapitalismuskritik die anderen.

1 INTERSHOP 2000 ♥
Vintage à la DDR zum Angucken, Tauschen und Kaufen – für Ostalgiker und Filmausstatter eine Fundgrube.
Danneckerstraße 8, Friedrichshain

2 OSTEL DDR DESIGN HOSTEL ♥ €€€
Von der Fassade bis zum Mobiliar alles feinstes DDR-Design.
Wriezener Karree 5, Friedrichshain

3 OSTPAKET BERLIN
Als Erlebniskaufhaus des Ostens wirbt das Geschäft für Produkte wie Osta Cola, Knusperflocken oder Rotkäppchen-Sekt.
Spandauer Straße 2, Mitte

❹ **DDR-MUSEUM** 👁
DDR-Geschichte zum Anfassen für Erwachsene und Kinder – vom Trabi über das FDJ-Hemd bis zur Stasi-Abhörtechnik.
Karl-Liebknecht-Straße 1, Mitte

❺ **GEDENKSTÄTTE HOHENSCHÖNHAUSEN**
Geschichte politischer Verfolgung: Das ehemalige Stasigefängnis gewährt authentische Einblicke in die grausame Arbeitsweise der Staatssicherheitsbehörde.
Genslerstraße 66, Hohenschönhausen

❻ **CAFÉ MOSKAU** 👁
Das Café aus den 1960er-Jahren im puren stalinistischen Stil passt in den Reigen der ›Arbeiterpaläste‹ an der Karl-Marx-Allee, dem Schaufenster des alten DDR-Regimes. Sehenswert ist auch das Kino International gegenüber.
Karl-Marx-Allee 34, Friedrichshain

❼ **CAFÉ SIBYLLE** 👁 €
Museum und Café in einem – von den Teilen der Stalin-Büste über das DDR-Mobiliar bis zum lieblosen Service ist alles wie damals …
Karl-Marx-Allee 72, Friedrichshain

❽ **PLATTENBAU-MUSEUMSWOHNUNG** ♥
DDR-Wohnung mit Originalinterieur: viel Pappe, Duroplast und Holzdekor.
Hellersdorfer Straße 179, Marzahn

❾ **VEB ORANGE** €€
Trödelladen für wahre Ostalgiker.
Oderberger Straße 29, Prenzlauer Berg

❿ **STASIMUSEUM** 👁
Interessant sind das Büro Erich Mielkes, des letzten Ministers für Staatssicherheit, und die Ausstellung zu den Stasi-Methoden.
Ruschestraße 103, Lichtenberg

10 VERLASSENE ORTE

In Berlin greifen sich Kreative, Reiche, Schöne und Stadtentwickler ein Viertel nach dem anderen. Doch trotz Gentrifizierung verfallen in und um Berlin Gebäude und Anlagen, wie es sie nirgendwo sonst gibt. Es lohnt sich, diese aus der Zeit gefallenen Orte aufzusuchen – aber Achtung: Die meisten sind öffentlich nicht zugänglich; unbedingt Taschenlampe mitnehmen und GPS einschalten!

❶ SANATORIUM BEELITZ-HEILSTÄTTEN ❤
Eine Stunde von Berlin entfernt ließen sich Hitler und später Honecker behandeln.
Beelitz-Heilstätten, Beelitz

❷ TEUFELSBERG
Unter einem Trümmerberg liegen die Rohbauruinen einer von den Nazis geplanten Wehrtechnischen Universität, darüber verfallen die weißen Kuppeln einer Abhörstation der Amerikaner.
Teufelsbergchaussee 10, Grunewald

❸ SCHLOSS DAMMSMÜHLE
Erbaut 1768, gehörte das Schloss seit 1940 Heinrich Himmler, Reichsführer SS, und

wurde später als Lazarett und Casino der Sowjets genutzt. Seit 2008 geschlossen.
Schloßstraße, Wandlitz

4 SPREEPARK
Der ehemalige Rummelplatz ist seit 2002 geschlossen, die Zukunft ungewiss.
Kiehnwerderallee 1, Treptow

5 OLYMPISCHES DORF ♥
Während der Olympischen Spiele von 1936 wohnten hier die männlichen Athleten, Betreuer und Trainer. Die Gebäude, 18 km von Berlin, können auf einer Führung besichtigt werden.
Rosa-Luxemburg-Allee 70, Wustermark

6 BÄRENQUELL-BRAUEREI
Ruinös: Seit 1994 steht die Brauerei aus dem 19. Jahrhundert leer ....
Schnellerstraße 137, Schöneweide

7 BERLINER BÜRGERBRÄU
Bis zu ihrer Schließung 2010 war sie die älteste Brauerei Berlins.
Müggelseedamm 164–166, Köpenick

8 BOTSCHAFT DES IRAK IN DER DDR ♥
Die Botschaft in Plattenbauweise wurde 1991, zu Beginn des Irakkriegs, geschlossen und ist Ziel von Vandalismus und Brandstiftung.
Tschaikowskistraße 51, Niederschönhausen

9 COLOSSUS
Die ehemalige Chemiefabrik schloss ihre Tore 1999.
Gutenbergstraße, Rüdersdorf

10 GÜTERBAHNHOF PANKOW
Der einstige Rangierbahnhof für Güterzüge wurde 1997 stillgelegt.
Am Feuchten Winkel 137–145, Pankow

11 GEISTERBAHNHÖFE

Berlin besitzt das dichteste U-Bahn-Netz Deutschlands. Als 1961 die Berliner Mauer gebaut wurde, gewann die U-Bahn in West-Berlin noch an Bedeutung, weil die von der DDR-Reichsbahn betriebenen S-Bahnen boykottiert wurden. Die U6 und die U8 unterquerten Ost-Berlin, durften dort aber nicht anhalten. So entstanden die streng bewachten »Geisterbahnhöfe«, die mit dem Fall der Mauer wieder zugänglich gemacht wurden.

1 ORANIENBURGER TOR
Im ehemaligen jüdischen Viertel Berlins sollte man unbedingt die Neue Synagoge besuchen.
U6

2 NORDBAHNHOF ♥
Die kostenlose Dauerausstellung »Grenz- und Geisterbahnhöfe im geteilten Berlin« informiert über die besondere (Verkehrs-)Situation, nachdem die Mauer 1961 errichtet worden war.
S1, S2, S25

❸ **FRANZÖSISCHE STRASSE**
Schnell einen Blick in die Galeries Lafayettes werfen, die vom französischen Architekten Jean Nouvel entworfen wurden.
U6

❹ **STADTMITTE**
Wer an dieser Station aussteigt, gelangt zum schönen Gendarmenmarkt.
U2, U6

❺ **BERNAUER STRASSE**
Die Straße markierte die Grenze des Französischen Sektors.
U8

❻ **ROSENTHALER PLATZ ♥**
Hier bietet sich eine Pause im hippen Bezirk Mitte an.
U8

❼ **ALEXANDERPLATZ**
Glanz und Schäbigkeit der Metropole vereint an einem Ort.
U2, U5, U8

❽ **JANNOWITZBRÜCKE**
Nach dem Bau der Mauer war an dieser Station die Verbindung zwischen S- und U-Bahn gekappt.
S3, S5, S75, U8

❾ **BRANDENBURGER TOR (FRÜHER UNTER DEN LINDEN)**
Die Straße Unter den Linden ist eine der wichtigsten Verkehrsachsen der Stadt.
S1, S25

❿ **POTSDAMER PLATZ**
Heute unfassbar: Während des Kalten Kriegs war der Platz ödes Niemandsland.
S1, S25

12 BERLIN IM VERBORGENEN

Die Berliner Hinter- und Innenhöfe sind der Lohn der Flaneure. Denn nur wer sein Schritttempo runterschaltet, wird Zeit dafür haben, den Blick hinter oft unscheinbare Fassaden zu werfen und wird ein ums andere Mal überrascht werden: vom grünen, industriellen oder romantischen Charme dieser versteckten Ecken.

1 KATZ ORANGE
Entzückendes Restaurant mit Bar in einem Innenhof der ehemaligen Josty Brauerei. Leckere Bioküche, gut geschüttelte Drinks.
Bergstraße 22, Mitte

2 KULTURBRAUEREI
Im Jahr 1840 gründete ein Apotheker eine kleine Brauerei – heute ein riesiges Industriedenkmal mit bemerkenswerter Architektur und Veranstaltungsort für Konzerte, Kino, Theater u. v. m.
Schönhauser Allee 36, Prenzlauer Berg

❸ **GEORG KOLBE MUSEUM & CAFÉ K** ♥ 👁
Das Café im ehemaligen Atelier des Bildhauers Georg Kolbe ist sommers wie winters eine friedliche Oase.
Sensburger Allee 25, Charlottenburg

❹ **RIEHMERS HOFGARTEN** 👁
Ende des 19. Jahrhunderts gruppierte Maurermeister Riehmer fast 20 Mietshäuser um eine schön gestaltete Gartenanlage im großen Innenhof.
Yorckstraße 83–86, Kreuzberg

❺ **KÖRNERPARK** 👁
Im Park mit den monumentalen Treppenaufgängen versteckt sich eine Orangerie mit Galerie und Café.
Schierkerstraße 8, Neukölln

❻ **DEUTSCHES HISTORISCHES MUSEUM** 👁
Der glasüberdachte Innenhof verbindet das Zeughaus mit dem Erweiterungsbau des berühmten Architekten Ieoh Ming Pei.
Unter den Linden 2, Mitte

❼ **3 SCHWESTERN IM BETHANIEN** ♥
Café-Restaurant im ehemaligen Krankenhaus mit sehr schönem Garten. Im Sommer gibt's Filme unter freiem Himmel.
Mariannenplatz 2, Kreuzberg

❽ **CAFÉ IM LITERATURHAUS BERLIN**
Idyllische Wintergartenterrasse.
Fasanenstraße 23, Charlottenburg

❾ **SCHWARZES CAFÉ**
Seit 1978 Szenetreff mit Innenhof.
Kantstraße 148, Charlottenburg

❿ **EHEMALIGE JÜDISCHE MÄDCHENSCHULE** ♥
Ausstellungsort mit Café, das den schönen Innenhof nutzt.
Auguststraße 11, Mitte

13 RUHET SANFT

Wer dem Großstadttrubel entfliehen will, ziehe sich auf einen der vielen grünen und zauberhaften Friedhöfe zurück. Hier herrscht nicht nur Ruhe, sondern man findet auch die Gräber vieler berühmter Persönlichkeiten.

❶ DOROTHEENSTÄDTISCHER FRIEDHOF ❤
Literarische und philosophische Prominenz wie Hegel, Fichte, Marcuse, Brecht und Schinkel.
Chausseestraße 126, Mitte

❷ INVALIDENFRIEDHOF
Einer der ältesten Friedhöfe Berlins wirft ein Licht auf die preußische und deutsche Militärgeschichte.
Scharnhorststraße 33, Mitte

❸ ALTER SANKT-MATTHÄUS-KIRCHHOF
Märchenhafter Ort der Ruhe für die Brüder Grimm und Rio Reiser.
Großgörschenstraße 12, Schöneberg

❹ ALTER JÜDISCHER FRIEDHOF ❤ 👁
Der älteste jüdische Friedhof Berlins wurde von den Nazis 1943 zerstört. Übrig ist ein einziges Grab: das des Philosophen Moses Mendelssohn.
Große Hamburger Straße 26, Mitte

❺ JÜDISCHER FRIEDHOF SCHÖNHAUSER ALLEE
Gräber von Max Liebermann und Giacomo Meyerbeer.
Schönhauser Allee 22, Prenzlauer Berg

❻ FRIEDHOF II DER JERUSALEMS- UND NEUEN KIRCHE
Ewige Ruhe für E. T. A. Hoffmann und Felix Mendelssohn-Bartholdy.
Mehringdamm 21, Kreuzberg

❼ ZENTRALFRIEDHOF FRIEDRICHSFELDE
Die kommunistische Prominenz, darunter auch Rosa Luxemburg und Karl Liebknecht, fand hier ihre letzte Ruhestätte.
Gudrunstraße 20, Lichtenberg

❽ FRIEDHOF SCHÖNEBERG III
Sogenannter Künstlerfriedhof – Helmut Newton und Marlene Dietrich haben hier Ehrengräber.
Stubenrauchstraße 41–45, Friedenau

❾ FRIEDHOF HEERSTRASSE
Auf dem ländlichen Friedhof sind Künstler wie George Grosz, Georg Kolbe, Frida Leider oder Erich Buchholz vertreten.
Trakehner Allee 1, Westend

❿ RUSSISCH-ORTHODOXE FRIEDHOFSKIRCHE
Verwunschener Ort und letzte Ruhestätte vieler Exilrussen.
Wittestraße 37, Reinickendorf

14 ZUM GEBET IN BERLIN

Berlin ist multispirituell – alle Weltreligionen und -konfessionen sind mit zum Teil sehr schönen Gebäuden vertreten. Noch in Planung ist ein einzigartiges Projekt, das ausschließlich durch Crowdfunding realisiert werden soll: Das *House of one* wird Juden, Muslime und Christen mit eigenen Gotteshäusern, aber auch mit Begegnungsräumen unter einem Dach vereinen. Wenn alles nach Plan läuft, wird es 2018 am Petriplatz eingeweiht.

❶ GETHSEMANEKIRCHE
In der Vorwendezeit wurde sie berühmt als Treffpunkt für DDR-Oppositionelle.
Stargarder Straße 77, Prenzlauer Berg

❷ BUDDHISTISCHES HAUS
Der älteste buddhistische Tempel Europas entstand 1924 auf Initiative des Arztes Paul Dahlke. Zu den täglichen Öffnungszeiten darf hier jeder meditieren.
Edelhofdamm 54, Frohnau

❸ RUSSISCH-ORTHODOXE FRIEDHOFSKIRCHE
Eine der drei ältesten orthodoxen Kirchen Berlins; 2005 wurde sie restauriert.
Wittestraße 37, Reinickendorf

4 SANKT-HEDWIGS-KATHEDRALE
Ein Werk Friedrichs des Großen: die älteste katholische Kirche Berlins.
Behrenstraße 39, Mitte

5 SEHITLIK MOSCHEE
Nicht nur die größte türkische Moschee, sondern nach eigenen Angaben auch die schönste (nur geführt zu besuchen).
Columbiadamm 128, Neukölln

6 BERLINER DOM ♥ 👁
Auf der Museumsinsel steht die bedeutendste protestantische Kirche Berlins mit der charakteristischen Kuppel.
Am Lustgarten, Mitte

7 NEUE SYNAGOGE ♥ 👁
Die größte Synagoge Deutschlands fasst bis zu 3200 Menschen.
Oranienburger Straße 28–30, Mitte

8 KAISER-WILHELM-GEDÄCHTNISKIRCHE 👁
Die Berliner tauften den 1943 zerstörten Kirchturm »hohlen Zahn«. Zusammen mit einem modernen, innen blau strahlenden Anbau aus den 1950ern dient die Ruine bis heute als Mahnmal gegen den Krieg.
Breitscheidplatz, Charlottenburg

9 KAPELLE DER VERSÖHNUNG ♥
Teil der Gedenkstätte Berliner Mauer.
Bernauer Straße 4, Mitte

10 DEUTSCHER DOM
Der Name Dom führt in die Irre: Er leitet sich vom französischen *dôme* = Kuppel ab. Eine kirchliche Funktion hatte das Gebäude nie, heute führt hier eine Dauerausstellung durch die Geschichte der parlamentarischen Demokratie Deutschlands.
Gendarmenmarkt 1–2, Mitte

15 MIT DEN FÜSSEN IM WASSER

Berlin ist berühmt für seinen Wasserreichtum. Die Spree und viele Kanäle durchziehen das Stadtgebiet und laden ein zu Kanu- und Schiffstouren, Spaziergängen und Joggingrunden, Strand- und Barbesuchen und zum In-den-Tag-Hineinträumen. Eine Auswahl für Freizeitkapitäne und Wasserratten ...

❶ ANKERKLAUSE
Anker werfen in einer ehemaligen Kapitänskajüte, Musik aus der Jukebox hören und von der Terrasse auf den Landwehrkanal blicken – ahoi!
Kottbusser Damm 104, Kreuzberg

❷ FREISCHWIMMER
Hausboot-Feeling – der ehemalige Bootsverleih aus den 1930er-Jahren zieht sich mit seinen Terrassen und Stegen über hundert Meter am Flutgraben entlang. Einen Katzensprung weiter lädt das Badeschiff auf der Spree zum Sprung in den Pool.
Vor dem Schlesischen Tor 2, Treptow

3 CLUB DER VISIONÄRE ♥
Zu Electro und Minimal die Füße von den Holzplanken ins Wasser baumeln lassen.
Am Flutgraben 1, Treptow

4 YAAM 👁
Beach, Club, Konzerthalle mit Jamaika-, Afrika-, Karibik- und Noch-mehr-Feeling – mehr multikulti geht nicht.
An der Schillingbrücke, Kreuzberg

5 AHOI OSTKREUZ - RENT A KAYAK
Ein Boot mieten und der Tag ist gerettet.
Paul und Paula Ufer, Zillepromenade, Rummelsburg

6 BRÜCKENFAHRT AUF DEM SPREESCHIFF
Sightseeingtour für Kapitäne. Unbedingt mitzählen: Berlin hat mehr Brücken als Venedig!
Friedrichstraße 140, Mitte

7 INSEL DER JUGEND ♥ 👁
Ländliche Gefühle mitten in der Stadt bekommt man auf der kleinen Spreeinsel.
Alt-Treptow 6, Treptow

8 CAPITAL BEACH
Spree-Strandbar auf der grünen Wiese gegenüber vom Hauptbahnhof.
Ludwig-Erhard-Ufer, Tiergarten

9 RADIALSYSTEM V ♥
Denkmalgeschützt: Kulturzentrum in der Maschinenhalle des einstigen Abwasserpumpwerks V direkt an der Spree.
Holzmarktstraße 33, Friedrichshain

10 STÄNDIGE VERTRETUNG (STÄV)
Benannt nach der ehemaligen Ständigen Vertretung der BRD in Ost-Berlin, pflegt die Kneipe heute rheinische Kultur bei Kölsch.
Schiffbauerdamm 8,Tiergarten

16 HOCH HINAUF

Der Teufelsberg, die höchste offizielle Erhebung der Hauptstadt, besteht aus Trümmerschutt des Zweiten Weltkriegs und misst gerade einmal 120 Meter. Wer höher hinauf will, kann natürlich in den Aufzug des Fernsehturms steigen, aber auch den Fernblick aus einer Hotellounge, einer Bar auf dem Supermarktdach oder, mit etwas Mut, aus einem Fesselballon genießen.

❶ KLUNKERKRANICH ♥ 👁
Es grünt und blüht auf dem Dachgarten des Einkaufszentrums Neukölln Arcaden im 5. Stock.
Karl-Marx-Straße 66, Neukölln

❷ BERLINER FERNSEHTURM 👁
Der Bau dieses Turms in Ostberlin war zu Zeiten des Kalten Kriegs als Provokation für den Westen gedacht. Immer noch beeindruckend!
Panoramastraße 1A, Mitte

❸ CAFETERIA IM BÜRGERAMT
Überblick bei Frühstück oder Bulette.
Yorckstraße 4-11, Kreuzberg

4 REICHSTAGSKUPPEL ♥ 👁
Der Klassiker unter den Ausblicken: von der spektakulären Glaskuppel des Architekten Norman Foster.
Platz der Republik 1, Mitte

5 PANORAMAPUNKT 👁
Vom 24. und 25. Stockwerk des Kollhoff-Towers entfaltet sich unter freiem Himmel ein grandioses Rundum-Panorama. Hinauf geht's mit dem schnellsten Aufzug Europas.
Potsdamer Platz 1,Tiergarten

6 TEUFELSBERG 👁
Hat schon bessere Tage gesehen, die ehemalige Abhörstation der NSA auf dem Teufelsberg, der seine beachtliche Höhe von 120 m den Trümmern des Zweiten Weltkriegs verdankt.
Teufelsseechaussee 10, Wilmersdorf

7 SIEGESSÄULE 👁
285 Stufen und 67 m Höhe - die Säule feierte drei gewonnene Kriege.
Straße des 17. Juni, Großer Stern, Tiergarten

8 BIKINI BERLIN
Riesige begrünte Dachterrasse für alle, die mal auf den Zoo blicken wollen.
Budapester Straße 38-50, Charlottenburg/Wilmersdorf

9 TU CAFETERIA SKYLINE
Im sagenhaften 20. Stockwerk ...
Ernst-Reuter-Platz 7, Charlottenburg

10 WELTBALLON
Mit einem der größten Fesselballons der Welt in die Luft gehen - 150 m in 15 Min.!
Zimmerstraße 95-100, Ecke Wilhelmstraße, Mitte

17 UNTER FREIEM HIMMEL

Open-Air-Kinos, Strandbars am Spreeufer, Frei- und Strandbäder mitten in der Stadt oder in der näheren Umgebung – Berlin ist ein Freizeitparadies, auf das die anderen europäischen Metropolen mit Neid blicken. Also, unbedingt ausnutzen!

❶ BOULODROME KREUZBERG
Boulespieler aller Länder vereinigt euch: Jede(r) ist auf dem Platz am Landwehrkanal willkommen.
Paul-Lincke-Ufer, Ecke Forster Straße, Kreuzberg

❷ STRANDBAD LÜBARS €
Großer Strand und Kinderspielplatz am Ufer des Ziegeleisees – aus ihm stammen übrigens die Ziegel für das Rote Rathaus.
Am Freibad 9, Reinickendorf

❸ STRANDBAD WANNSEE € ♥
Mit über hundertjähriger Tradition das Berliner Freibad schlechthin. Gut 1 km

langer feiner Sandstrand mit Strandkörben und FKK-Bereich.
Wannseebadweg 25, Wannsee

4 FREIBAD PLÖTZENSEE €
Großes Freibad am See mit Sandstrand, Liegewiese, Strandkörben, Kinderspielplätzen, FKK-Bereich und Imbissen.
Plötzensee Nordufer 26, Moabit

5 FREIBAD JUNGFERNHEIDE €
Im gleichnamigen Park und nur zehn Minuten vom Ku'damm entfernt. Großzügiger Sandstrand und Restaurant mit Biergarten.
Jungfernheideweg 60, Charlottenburg

6 LANDHAUSGARTEN 👁
Hoch über der Havel, mit Blick auf die Pfaueninsel, liegt dieses für einen Bankdirektor geschaffene Kleinod mit Teehaus.
Lüdickeweg 1, Spandau

7 VOLKSPARK FRIEDRICHSHAIN ♥ 👁
Ein Märchenbrunnen, großzügige Grünflächen und Spielplätze sowie der Blick von den Trümmerbergen machen den Reiz dieses traditionsreichen Parks aus.
Friedenstraße, Friedrichshain

8 FREILUFTKINO KREUZBERG ♥
Kult, Klassiker und Aktuelles, auch als »OmU«, im Innenhof von Bethanien.
Mariannenplatz 2, Kreuzberg

9 FREILUFTKINO INSEL IM CASSIOPEIA
Filme schauen im Strandkorb!
Revaler Straße 99, Friedrichshain

10 SCHLACHTENSEE ♥ 👁
Neben Wannsee, Weißensee, Lietzensee und 60 anderen Gewässern ist dieser See *das* Freizeitrevier der Berliner.
Am Schlachtensee, Charlottenburg

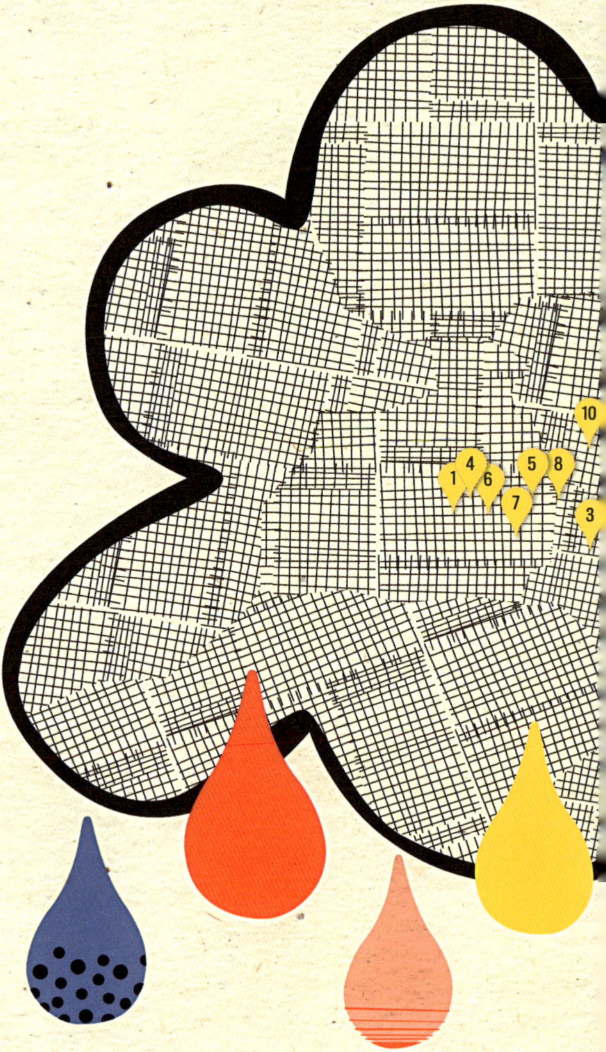

18 UND WENN ES REGNET?

Berlin ist ein feuchtes Pflaster. Das ist aber nicht weiter schlimm, weil es glücklicherweise viele Arten der (intelligenten) Zerstreuung mit Dach über dem Kopf bereithält: eine orientalische Teestube, eine Buchhandlung mit dem gewissen Etwas, Bowlingbahnen zum Kugelschieben, kreative Aktionen und ausgesuchte Museen ... Wählen Sie!

❶ PAINT YOUR STYLE ♥
Teller, Tassen, Krüge selbst bemalen. Filialen in Friedrichshain, Prenzlauer Berg und Kreuzberg.
Bleibtreustraße 46, Wilmersdorf

❷ BOWLERO
Bowlingcenter mit Spezialangeboten wie Disco- oder All-inclusive-Bowling.
Samariterstraße 19–20, Friedrichshain

❸ GROBER UNFUG
Kreuzberger Institution mit riesigem Sortiment an Mangas, Anime, deutschen und internationalen Comics ...
Zossener Straße 33, Kreuzberg

❹ MUSEUM FÜR FOTOGRAFIE - HELMUT NEWTON FOUNDATION
Leben und Werk des Fotografen Newton, der 1920 als Helmut Neustädter in Berlin zur Welt kam.
Jebensstraße 2, Charlottenburg

❺ KUNSTGEWERBEMUSEUM ♥
All die großen und kleinen Dinge, mit denen vom Mittelalter bis heute Wohnungen und Menschen geschmückt wurden. Ein Schwerpunkt des Museums ist die Mode.
Kulturforum, Matthäikirchplatz, Tiergarten

❻ BAUHAUS-ARCHIV - MUSEUM FÜR GESTALTUNG
Architektur, Design und Kunst im Zeichen von Bauhaus in einem Gebäude von Walter Gropius, dem Begründer der Bewegung.
Klingelhöferstraße 14, Schöneberg

❼ AQUARIUM BERLIN 👁
Mehr als 9000 Fische, Krokodile, Spinnen, Insekten und Amphibien!
Budapester Straße 32, Charlottenburg

❽ CINESTAR IMAX
30 Kinosäle im Sony Center sind Garant für gute Unterhaltung bei Schauerwetter.
Potsdamer Straße 4, Tiergarten

❾ WERKBUNDARCHIV - MUSEUM DER DINGE ♥
Design und Kitsch nah beieinander - Alltagsgegenstände aus Ost und West des 20. und 21. Jahrhunderts.
Oranienstraße 25, Kreuzberg

❿ TADSHIKISCHE TEESTUBE
Abwarten und in orientalischem Ambiente einen sorgfältig zubereiteten Tee trinken.
Oranienburger Straße 27, Mitte

19 BERLINER WEIHNACHTSMÄRCHEN

Weihnachtsmärkte, Rodelpisten, Eisbahnen und Märchenflair – wer den vorweihnachtlichen Rummel liebt, kommt in Berlin voll auf seine Kosten. Und wenn die Kleinen Pirouetten auf dem Eis drehen oder die Pisten unsicher machen, ist ein Glühweinstand für die Großen garantiert ganz in der Nähe.

❶ WEIHNACHTSZAUBER GENDARMENMARKT
Ein Klassiker unter den Weihnachtsmärkten vor der Kulisse von Französischem und Deutschem Dom.
Gendarmenmarkt, Mitte

❷ WEIHNACHTSMARKT VOR DEM SCHLOSS CHARLOTTENBURG ♥ 👁
Ein Markt mit viel Kunsthandwerk und traditionellen Fahrgeschäften.
Spandauer Damm, Charlottenburg

❸ MÄRCHENHÜTTEN ♥
Grimmsche Märchen für Kinder zum Entzücken und für Erwachsene zum

Gruseln, dargebracht in urigen Hütten von einem spielfreudigen Ensemble.
Im Monbijoupark, gegenüber vom Bode-Museum, Mitte

❹ WEIHNACHTSCIRCUS RONCALLI
Poetische Reise in die Weihnachtswelt der Clowns, Artisten und Jongleure.
Tempodrom, Möckernstraße 10, Mitte

❺ POTSDAMER PLATZ
Rodeln, Eislaufen und Curling (ja, wirklich)!
Potsdamer Platz, Mitte

❻ HORST-DOHM-EISSTADION
Das größte Eisstadion der Stadt.
Fritz-Wildung-Straße 9, Wilmersdorf

❼ EISBAHN AM NEPTUNBRUNNEN ♥ 👁
Eislauf rund um den Brunnen vom 24. November bis zum 28. Dezember.
Karl-Liebknecht-Straße 8, Mitte

❽ WINTERTRAUM AM ALEXA
Freifall-Turm und Riesenrad sorgen für Rummelplatz-Nervenkitzel, die Weihnachtshütten und Fressbuden fürs vorweihnachtliche Ambiente.
Voltairestraße 25, Mitte

❾ RODELBERG IM FREIZEITPARK LÜBARS
Rodelspaß für Groß und Klein im Vergnügungspark Lübars im Norden der Stadt: Wenn die Sonne untergeht, saust man die 300 m lange Piste im Flutlicht hinunter.
Quickborner Straße, Reinickendorf, mit dem Auto erreichbar

❿ RODELN IM VOLKSPARK HUMBOLDTHAIN 👁
Eine der besten Rodelbahnen der Stadt ist die steile Humboldthöhe, ein 85 m hoher Trümmerberg!
Brunnenstraße, Wedding

20 ICH BIN EIN STAR

Wunderbare Gelegenheit, seinem Ego freien Lauf zu lassen und die neidvollen Blicke der anderen auf sich zu ziehen! Lassen Sie sich in der Stretch-Limo herumkutschieren, im Mauerpark als Sängerin bejubeln, im Liquidrom nach Strich und Faden verwöhnen und zeigen Sie Ihr Gesicht auf der Berlinale oder im Promilokal Borchardt.

❶ BEARPIT KARAOKE ♥ 👁
Schönes Wetter im Mauerpark und ein Lied auf den Lippen? Jubelnde Fans auf den Treppenstufen sind Ihnen sicher.
Gleimstraße 55, Prenzlauer Berg

❷ FILMPARK BABELSBERG 👁
Neben den Babelsberger Filmstudios lädt dieser Vergnügungspark zu Stunt-Shows, 4D-Action-Kino und zur Besichtigung des Außensets von »GZSZ«.
Großbeerenstraße 200, Potsdam

❸ HANSA STUDIOS ♥
Pop- und Rockgrößen wie Lou Reed, Iggy Pop, David Bowie oder Depeche Mode

haben hier ihre Alben eingespielt.
Köthener Straße 38, Tiergarten

4 MADAME TUSSAUDS 👁 €€
Die Berliner Version des Wachsfigurenkabinetts zeigt auch Angela Merkel, Henry Maske und Matthias Schweighöfer.
Unter den Linden 74, Mitte

5 BOULEVARD DER STARS 👁
Als Vorbild dient der Walk of Fame in Hollywood: Größen des deutschen Films wie Marlene Dietrich oder Wim Wenders sind hier mit Sternen verewigt.
Potsdamer Platz 1, Tiergarten

6 BERLINALE €
Publikumsliebling: Das Filmfestival findet jedes Jahr im kalten Februar statt.
Berlinale Palast am Potsdamer Platz, Marlene-Dietrich-Platz, Tiergarten

7 BERLIN LIMO SERVICE €€€€
Mit Chauffeur und langer Limousine durch Berlin.
Luitpoldstraße 28, Schöneberg

8 LIQUIDROM €€€€
Highlight ist das Liquid-Sound-Becken mit heißem, salzigem Wasser und Musikuntermalung in minimalistischem Design.
Möckernstraße 10, Kreuzberg

9 BORCHARDT ♥
Das ist Understatement: Im Berliner Lokal der Politiker und Künstler isst man ein – sehr gutes – Wiener Schnitzel.
Französische Straße 47, Mitte

10 HOTEL ADLON KEMPINSKI €€€€
Zehrt noch immer vom Ruhm der Goldenen Zwanziger …
Unter den Linden 77, Mitte

21 FILM AB

»Good Bye, Lenin!«, »Lola rennt«, »Der Himmel über Berlin«, »Das Leben der Anderen« – Berlin ist nicht nur attraktiver Drehort für deutsche, sondern auch für internationale Filmproduktionen. So war in »Die Bourne Verschwörung« neben Matt Damon vor allem der Osten Berlins Hauptdarsteller, der im Film nicht nur das Original, sondern auch Moskau mimte, während »Inglorious Basterds« hauptsächlich in den Babelsberger Studios alias Berlinwood gedreht wurde.

❶ KARL-MARX-ALLEE
»Good Bye, Lenin!« von Wolfgang Becker (2003): Die DDR, wie sie hätte sein können.
Karl-Marx-Allee, Friedrichshain

❷ BAHNHOF ZOOLOGISCHER GARTEN
»Christiane F. – Wir Kinder vom Bahnhof Zoo« von Uli Edel (1981): Kultbuch und -film über die Drogenszene am Zoo in den 1970er- und 80er-Jahren.
Hardenbergplatz 11, Charlottenburg

❸ OSTBAHNHOF
»Die Bourne Verschwörung« von Paul Greengrass (2004). Bourne auf der Flucht.
Koppenstraße 3, Friedrichshain

❹ STASI-ZENTRALE
Originalschauplatz für die Stasi-Szenen in »Das Leben der Anderen« von Florian Henckel von Donnersmarck (2006).
Ruschestraße 103, Lichtenberg

❺ OLYMPIASTADION
»Fest der Schönheit« von Leni Riefenstahl (1938): Olympiafilm, für den Riefenstahl trotz ihrer Nähe zu den Nazis auch international ausgezeichntet wurde.
Olympischer Platz 3, Westend

❻ STUDIO BABELSBERG
»Inglorious Basterds« von Quentin Tarantino (2009) und »Monuments Men« von George Clooney (2014).
August-Bebel-Straße 26–53, Potsdam

❼ OBERBAUMBRÜCKE ♥
Die Brücke, einer der Drehorte von »Lola rennt« von Tom Tykwer (1998) verbindet Kreuzberg und Friedrichshain.
Oberbaumbrücke, Kreuzberg

❽ BAHNHOF FRIEDRICHSTRASSE
»Unknown Identity« mit Liam Neeson und Diane Kruger von Jaume Collet-Serra (2011): Action am Bahnhof.
Georgenstraße 14–17, Mitte

❾ SIEGESSÄULE ♥
»Der Himmel über Berlin« von Wim Wenders (1987): Die Engel im Film sitzen auf einem Studionachbau der Siegessäule.
Großer Stern, Tiergarten

❿ HAUS IN DER WEDEKINDSTRASSE ♥
Die Außenaufnahmen vor der Wohnung des Schriftstellers Georg Dreyman in »Das Leben der Anderen« wurden hier gedreht.
Wedekindstraße 22, Lichtenberg

22 SELFIES – ICH UND BERLIN

Ein Selfie vor der Freiheitsstatue in New York? Hat doch jeder! Wenn Sie in den Social Media für Ahs und Ohs sorgen wollen, sollten Sie sich gut überlegen, wo Sie sich in Berlin in Szene setzen. Ein Bild vor dem Flughafen Tempelhof hat nicht jeder …

❶ **AUF DER LIEGEWIESE IM TIERGARTEN ♥**
Die Natur und ich: ein unvergleichliches Paar.
Straße des 17. Juni, Tiergarten

❷ **VOR DEM BRANDENBURGER TOR**
Nicht originell, aber unvermeidlich.
Pariser Platz, Mitte

❸ **VOR DER EAST SIDE GALLERY ♥**
Am besten das Motiv »Trabant durchbricht die Mauer« wählen.
Mühlenstraße, Friedrichshain

❹ **IM UND VOR DEM FOTOAUTOMAT**
Die alten Fotoautomaten mit dem

Viererstreifen zum Faxenmachen sind wieder in Mode. Nachteil: kann überall in Deutschland sein, deshalb Beweisfoto vor dem Automat schießen.
Hardenbergplatz 8, Tiergarten

5 AM CHECKPOINT CHARLIE
Das »Disneyland Berlins« – hoher Wiedererkennungswert garantiert!
Friedrichstraße 43–45, Mitte

6 AUF DER LANDEBAHN DES EHEMALIGEN FLUGHAFENS TEMPELHOF
Im Hintergrund Nazi-Architektur und »Rosinenbomber« aus der Zeit der Luftbrücke – hoher Originalitätsfaktor.
Tempelhofer Feld, Tempelhof

7 AUF DER OBERBAUMBRÜCKE ♥
Symbol der Wiedervereinigung: Die zweistöckige Backsteinbrücke über die Spree verbindet Kreuzberg und Friedrichshain. Von dort Blicke auf den Alexanderplatz und die »Molecule Men«, die sich aus der Spree erheben.
Oberbaumbrücke, Kreuzberg

8 AM MAUER-PANORAMA
Mauer-Tristesse an einem grauen Novembertag in den 1980er-Jahren – Installation des Künstlers Asisi.
Friedrichstraße 205, Mitte

9 VOR DER URANIA-WELTZEITUHR
Beliebter Treffpunkt für Berliner und Touristen mit Weltraum-Atmosphäre.
Alexanderplatz 1, Mitte

10 MIT MATTHIAS SCHWEIGHÖFER BEI MADAME TUSSAUDS
Bringt viele ›Gefällt-mirs‹ auf Facebook.
Unter den Linden 74, Mitte

23 VERLIEBT IN BERLIN

Zugegeben, die Berliner selbst gelten im Land Goethes und Schillers nicht gerade als Romantiker. Nichtsdestotrotz gibt es hier eine Menge besonderer Orte, welche die romantische Saite zum Klingen bringen, sei es im Grünen, auf dem Wasser oder in einem bezaubernden Restaurant ...

❶ **NEPTUNBRUNNEN** ♥ 👁
Italienisches Flair in Berlin: Der Neptun mit dem Dreizack und der Fontäne hat seine Vorbilder in Rom.
Spandauer Straße, Mitte

❷ **DICKE MARIE, NORDSPITZE TEGELER SEE**
Die mächtige Stieleiche soll über 800 Jahre alt und damit der Oldie unter den Bäumen Berlins sein.
An der Malche 1, Reinickendorf

❸ **AUF DEM NEUEN SEE** ♥ 👁
Leihen Sie sich im Café am Neuen See ein Boot und umrunden Sie den See.
Charlottenburg

4 GÄRTEN DER WELT

Bezaubernd, die neun unterschiedlich gestalteteten Flächen, vom chinesischen über den italienischen Renaissancegarten bis zum Heckenirrgarten mit Pflasterlabyrinth.
Eisenacher Straße 99, Marzahn

5 LUBITSCH €

Charmantes Restaurant mit hübscher Terrasse und köstlicher Berliner Küche – perfekt für ein Dinner zu zweit.
Bleibtreustraße 47, Charlottenburg

6 MAUERVORSPRUNG AN DER FRIEDRICHSBRÜCKE

Um auf den Mauervorsprung an der Brücke zu gelangen, muss man übers Steingeländer klettern – und dann zu zweit den Blick auf den Dom genießen.
Friedrichsbrücke, Mitte

7 TANDEMTOUR

In der Ortliebstation gibt's das Tandem zu leihen und die freundliche Beratung gratis dazu.
Auguststraße 29a, Mitte

8 ZOOLOGISCHER GARTEN BERLIN ♥

Warum so viele Pärchen den Zoo besuchen? Die Tiere sollen inspirierend wirken ...
Hardenbergplatz 8, Tiergarten

9 MÄRCHENBRUNNEN DER GEBRÜDER GRIMM

Große neobarocke Brunnenanlage mit Figuren aus neun Grimm-Märchen.
Volkspark Friedrichshain, Friedrichshain

10 COMENIUS-GARTEN ♥

Verstecktes Kleinod, angelegt nach den Ideen des Universalgelehrten Comenius.
Richardstraße 35, Neukölln

24 DAMPF LASS NACH

Wer von langen Märschen durch die City ermüdet ist oder einen Entspannungstag einlegen will, der lässt sich vom warmen trockenen oder feuchten Dampf der zahlreichen Saunen und Hamams in Berlin einhüllen.

❶ HAMAM IN DER SCHOKOFABRIK ❤
Türkisches Bad für Frauen. Für Anwendungen wie türkisches Peeling oder Enthaarung vorher anmelden unter Tel. 030 615 14 64.
Mariannenstraße 6, Kreuzberg

❷ SULTAN HAMAM ❤
Wohltuende Mischung aus türkischem Bad und moderner Wellnessoase in einem etwas abschreckenden Gebäude.
Bülowstraße 57, Schöneberg

❸ LIQUIDROM
Unbedingt das Liquid-Sound-Becken mit heißem Salzwasser und Musikunter-

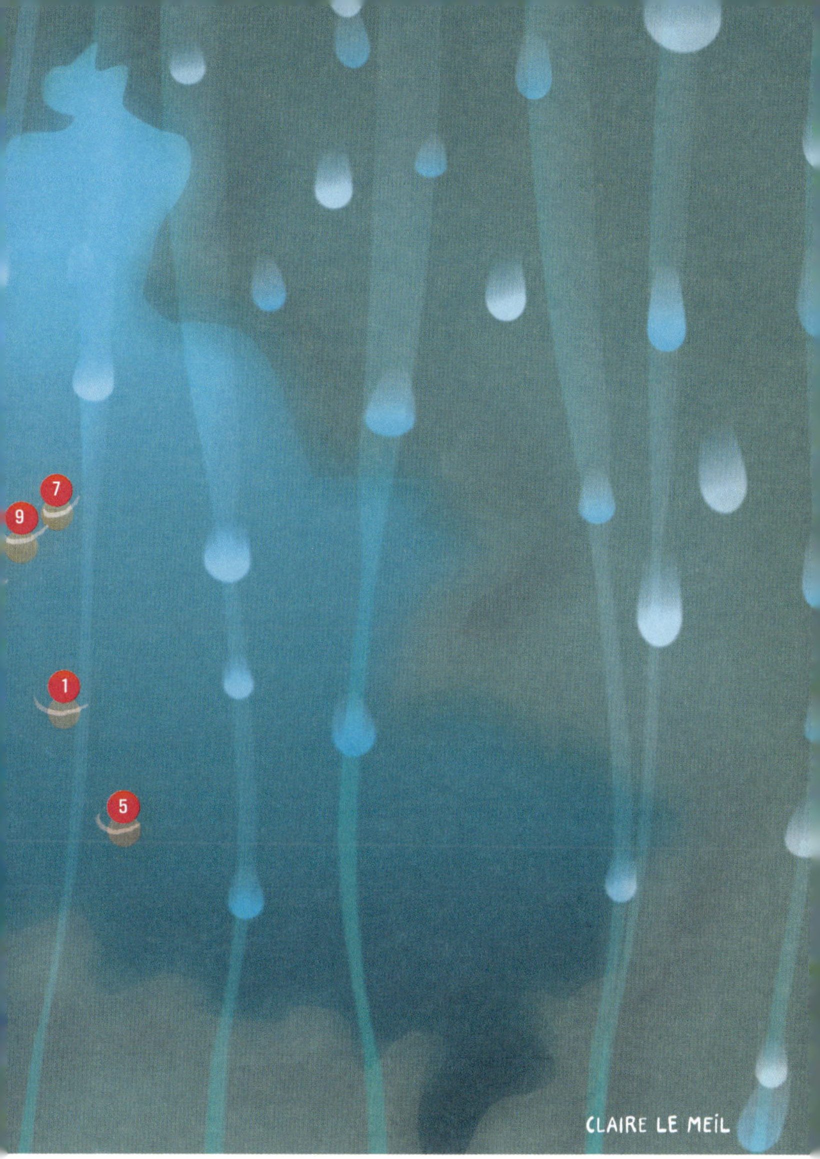

malung unter Wasser besuchen. Minimalistisches Design mit viel grauem Beton. Weitere Saunen und Massagen.
Möckernstraße 10, Kreuzberg

❹ THERMEN AM EUROPA CENTER
5000 qm große Ruheoase auf einem Parkhausdeck mit Solebecken, Saunen und großer begrünter Dachterrasse.
Nürnberger Straße 7, Charlottenburg

❺ STADTBAD NEUKÖLLN
Denkmalgeschütztes Stadtbad mit Säulen und Mosaiken à la antikes Rom. Zahlreiche Saunen.
Ganghoferstraße 3, Neukölln

❻ YI SPA
Fühlen Sie sich in diesem modern designten thailändischen Spa wie im Siebten Himmel.
Monbijouplatz 3a, Mitte

❼ SAUNABAD
Dampf- und finnische Sauna mit hübsch angelegtem Garten im Hof.
Rykestraße 10, Prenzlauer Berg

❽ LÜTZOW SAUNA
Kleine familiäre Sauna mit großem Tauchbecken, Dampfbad unter Sternenhimmel, Biosauna mit Lichttherapie und Kaminzimmer.
Lützowstraße 106, Schöneberg

❾ OLIVIN WELLNESS LOUNGE SAUNA
Grüne Entspannungs-Oase mit finnischer Sauna in ehemaligem Fabrikgebäude.
Schönhauser Allee 177, Prenzlauer Berg

❿ THERMEN AN DER HEERSTRASSE ❤
Eine der ältesten Mischsaunen Berlins ohne Schischi.
Heerstraße 39, Charlottenburg

25 BERLIN FREIZÜGIG ...

Dunkel und anrüchig? Nur etwas für echte Kerle und heiße Bräute? Wer in Berlin ein neues Sexspielzeug sucht oder eine Tantramassage buchen will, dem eröffnen sich zig Möglichkeiten. Denn Berlin gilt als ausgesprochen tolerant und freizügig und der Kauf von Sexspielzeug & Co. gehört längst nicht mehr in die Schmuddelecke. Die Auswahl ist bunt und groß - vom veganen Dildo bis zum Hello-Kitty-Vibrator ist alles dabei ...

1 OTHER NATURE
Veganer Sexshop - hier können auch Veganer ohne schlechtes Gewissen ihrer Fleischeslust frönen ...
Mehringdamm 79, Kreuzberg

2 MCHURT
BDSM (bondage, dominance, sadism, masochism)-Fachgeschäft. Noch recht junges Label für hochwertige SM-Toys.
Dudenstraße 22, Kreuzberg

3 LA LUNA
Bunter Frauen-Erotikladen mit großer Auswahl an Vibratoren und Dildos.
Dunckerstraße 90, Prenzlauer Berg

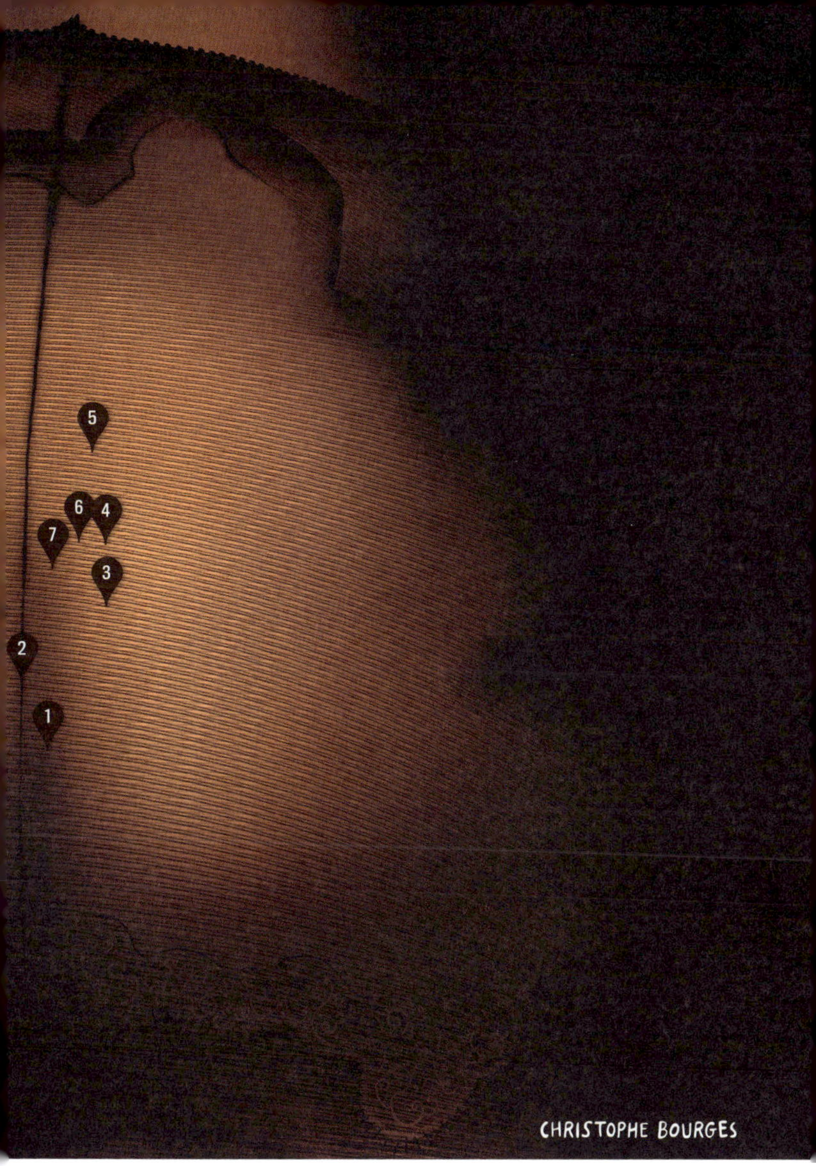

4 SCHWARZER REITER
«Luxury Erotic Couture« ist hier im Angebot, die auch auf den Laufstegen der Fashion Week zu sehen ist.
Torstraße 3, Mitte

5 BLACKSTYLE
Riesiges Sortiment an exklusiver Fetisch-Kleidung aus Latex für Sie und Ihn.
Seelower Straße 5, Berlin-Prenzlauer Berg

6 KORSETTMANUFAKTUR TO.MTO
Egal, ob als Oberbekleidung oder Dessous, hier wird jeder fündig, der ein Korsett will. Nicht nur die Namen wie Candy Box oder Vanity Fair sind hübsch.
Torstraße 22, Mitte

7 FUN FACTORY
Der größte und innovativste europäische Hersteller von Sexspielzeugen aus Silikon geht auch in seinem Ladengeschäft neue Wege und lädt zum sinnlichen Shopping-Erlebis auf 2 Etagen. Mit Lounge.
Oranienburger Str. 92, Mitte

8 PLAYSTIXX
Die von der Bildhauerin Stefanie Dörr entworfenen Dildos gelten als wahre Wohlfühlobjekte ...
Heimstraße 6, Kreuzberg

9 KASHIMA
Zertifiziertes, sehr schönes Tantra-Studio mit ausschließlich hochwertigen Massagen und Workshops.
Kantstraße 139, Charlottenburg

10 SEXCLUSIVITÄTEN
»Freitags-Freuden-Salon« (12-20 Uhr): Slow-Shopping & Beratung für Frauen.
Fürbringerstraße 2, Kreuzberg

26 BERLIN FÜR KIDS

Nicht verzweifeln, wenn die lieben Kleinen beim Anblick des Brandenburger Tors anfangen zu gähnen. Berlin ist mit seinen vielen Aktivitäten eine ideale Spielwiese, sei es in den zahlreichen schönen Parks, sei es in den Ausstellungen, wo Geschichte zum Anfassen präsentiert wird, oder in den Museen, wo Kinder selbst experimentieren und gestalten dürfen. Abends werden sie müde und zufrieden sein – Sie auch!

1 ZOOLOGISCHER GARTEN BERLIN ♥ 👁
Der älteste Zoo Deutschlands und einer der größten der Welt. Mit Kindern ein Muss!
Hardenbergplatz 8, Tiergarten

2 MACHMIT! MUSEUM FÜR KINDER ♥ 👁
Kindgerechte Kunstausstellungen und Werkstätten zum Experimentieren und Gestalten auf 1200 qm, von vier bis 14 Jahren.
Senefelderstraße 5, Prenzlauer Berg

3 BERLINER GRUSELKABINETT – BUNKER
Nichts für schwache Nerven: In einem ehemaligen Luftschutzbunker sind die Geister, Vampire, Kakerlaken und andere

gruselige Gestalten los. Nicht empfehlenswert für Kinder unter zehn Jahren.
Schöneberger Straße 23a, Kreuzberg

4 LEGOLAND DISCOVERY CENTRE
Kinder von zwei bis elf finden hier die Lego-übliche breite Spielwiese. Für Größere weniger geeignet.
Potsdamer Straße 4, Kreuzberg

5 LABYRINTH KINDERMUSEUM BERLIN
Lernen durch Selbermachen ist das Motto in dieser 1000 qm großen Halle für Vier- bis Zwölfjährige.
Osloer Straße 12, Mitte

6 COMPUTERSPIELEMUSEUM ♥
Reise in die Vergangenheit der Computerspiele seit den 1980er-Jahren: spannend für Kinder und Eltern!
Karl-Marx-Allee 93a, Friedrichshain

7 SCHWARZLICHT MINIGOLF BERLIN
Indoor-Minigolf mit 3D-Effekten.
Görlitzer Straße 1, Görlitzer Park (Haus 1), Kreuzberg

8 THE STORY OF BERLIN
Multimediale Zeitreise durch Berlin.
Kurfürstendamm 207-208, Charlottenburg

9 MUSEUM HAUS AM CHECKPOINT CHARLIE
Tragische und berührende Momente geglückter und gescheiterter Flucht aus der DDR mit echten Fluchtfahrzeugen.
Friedrichstraße 43-45, Mitte

10 SCIENCE CENTER SPECTRUM ♥
Mehr als 150 Experimentierstationen für Aha-Erlebnisse in Themen wie Akustik, Optik oder Radioaktivität.
Möckernstraße 26, Kreuzberg

27 DER BALL IST RUND

Wer in Berlin kein Spiel seines heimischen Vereins oder der Konkurrenz verpassen will, hat gute Chancen, das Passende zu finden – samt Fanclub. Von der urigen Kneipe bis zum Hightech-Eventschuppen ist die Auswahl groß.

❶ FC MAGNET BAR ♥ €€
Immer brechend voll von Leuten, die in guter Stimmung Fußball gucken wollen; Biersorten aus ganz Deutschland.
Veteranenstraße 26, Mitte

❷ WILDE 13 €
Werder-Bremen-Spiele auf Großleinwand. Andere Fußballspiele siehe unter www.wilde13-berlin.com.
Gabriel-Max-Straße 13, Friedrichshain

❸ SCHMITTZ €€
Fußball gucken, kickern, Dart und Tischtennis spielen – und Bier trinken.
Torstraße 90, Mitte

4 SCHWALBE €€
1. und 2. Bundesliga sowie Champions League auf Großleinwänden und Fernsehern – ultimatives Fußball-Feeling.
Pappelallee 65, Prenzlauer Berg

5 TANTE KÄTHE ♥ €€
Die Fußballkneipe am Mauerpark und Fan-Kneipe des SC Freiburg.
Bernauer Straße 63–64, Mitte

6 THE OSCAR WILDE IRISH PUB €€
Bundesliga- und internationale Fußballereignisse in authentischer Atmosphäre.
Friedrichstraße 112A, Mitte

7 THE KILKENNY & IRISH HARP PUB BERLIN €€€
Ein kühles Guinness zu internationalen Fußballspielen, Rugby, Cricket und gälischen Sportarten (zwei Großbildleinwände und vier Plasmafernseher).
Giesebrechtstraße 15, Charlottenburg

8 SPORTSBAR TOR 133 €
Event-Bar, in der nicht nur Fußballspiele, sondern auch Formel-1-, Basketball- und Eishockeywettkämpfe live gezeigt werden; freitags und samstags reservieren: Tel. 030 24 32 09 05.
Torstraße 133, Mitte

9 BAR 11 €
1. und 2. Bundesliga friedlich vereint: Alle Spiele der Hertha BSC und des 1. FC St. Pauli zum Live-Gucken.
Wiener Straße 21, Kreuzberg

10 KREUZKELLER ♥ €€
Eine der authentischsten Berliner Kiez-Fußballkneipen mit rauem Charme.
Yorckstraße 17, Kreuzberg

28 BERLIN FÜR SPORTLICHE

In einer Metropole, die mit Grün- und Wasserflächen derart gesegnet ist, ist es leicht, zahlreiche Outdoor-Sportarten zu treiben. Wer sich richtig verausgaben will, sollte sich auf den Berlin Marathon vorbereiten – neben Chicago und London einer der schnellsten der Welt!

1 MELLOWPARK
Skate- und BMX-Park auf einer Fläche von 60 000 qm.
An der Wuhlheide 256, Köpenick

2 MAGIC MOUNTAIN
Erste Wahl für Kletterer in Berlin, In- und Outdoorklettern auf 2000 qm.
Böttgerstraße 20–26, Wedding

3 TEMPELHOF ♥
Kiten, Drachen steigen lassen, skaten, fahrradfahren auf dem ehemaligen Flugfeld des Flughafens in entspannter Atmosphäre.
Tempelhofer Feld, Tempelhof

4 SKATEHALLE BERLIN ♥
Skatelandschaft mit einer der größten Halfpipes in Deutschland.
Revaler Straße 99, Friedrichshain

5 MOUNTMITTE
Abenteuer mitten in der Stadt: Hochseilgarten mit verschiedenen Parcours von leicht bis schwierig. Anspruchsvoll: der »Everest«.
Caroline-Michaelis-Straße 8, Mitte

6 KLETTERWALD WUHLHEIDE ♥
In der Natur auspowern: Auf vier Hochseilgarten-Parcours in 2 bis 10 m Höhe von Baum zu Baum.
An der Wuhlheide 199, Köpenick

7 MARATHON DE BERLIN
Seit 1974 steigt jedes Jahr am letzten Septemberwochenende einer der schnellsten Marathonläufe der Welt. Auch für Inlineskater, Rollstuhlfahrer und Power Walker.
Start: Platz der Republik 1, Tiergarten

8 KARTLAND
Dienstälteste Indoor-Go-Kart-Bahn Berlins mit 330-m-Rennstrecke. Gute Haftung durch Rennasphalt.
Miraustraße 62–66, Reinickendorf

9 STADTBAD NEUKÖLLN
Für Schöngeister unter den Sporttreibenden: Das neoklassizistische Schwimmbad (1914) hat zwei Becken à 25 und 19 m mit 30 °C warmem Wasser.
Ganghoferstraße 3, Neukölln

10 SEGELSCHULE HAVEL
Gemütlich mit der Jolle, dynamisch mit dem Motorboot. Verleih.
Am Pichelssee 9B, Spandau

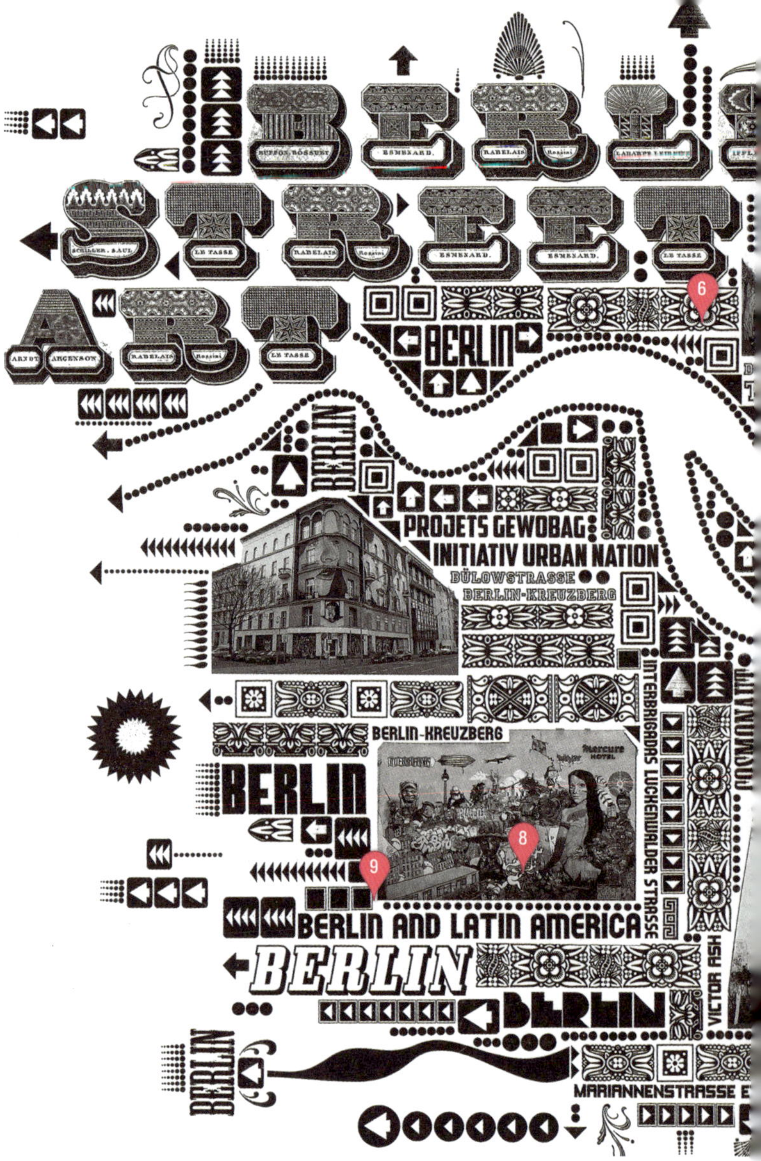

29 MAUER-KUNST

Berlin ist eine einzige öffentliche Kunstgalerie, ständig im Wandel, frei zugänglich und kostenlos. Besonders der Osten Berlins ist Terrain für Street-Art-Künstler, denn die riesigen Freiflächen nach dem Mauerfall inspirierten Künstler aus aller Welt zu vergänglicher Kunst. Bekanntestes Beispiel ist die East Side Gallery, ein Stück der Berliner Mauer voller völlig legaler Graffiti, die inzwischen zu den bleibenden Must-Sees gehören.

❶ ASTRONAUT/COSMONAUT

Riesige schwarz-weiße, fotorealistische Figur, die im Weltraum zu schweben scheint. Das Bild des Künstlers Victor Ash entstand anlässlich des Backjumps Festivals 2007, das viel für die entspanntere Sicht auf Street Art getan hat.
Ecke Mariannenstraße und Skalitzerstraße, Kreuzberg

❷ RATS

Der Belgier ROA ist vor allem bekannt für seine großzügig angelegten, schwarz-weißen Tierzeichnungen, hier sind es kletternde Ratten.
Dänenstraße 1, Prenzlauer Berg

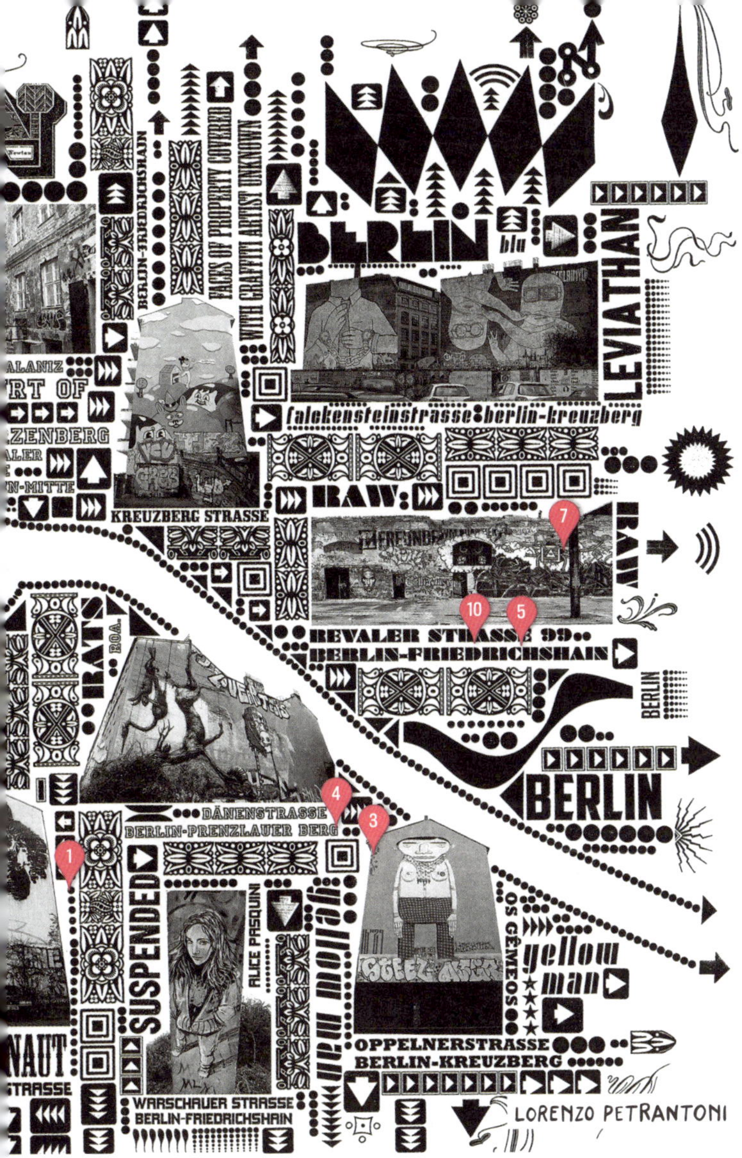

3 LEVIATHAN
BLU hält seine Identität geheim. Hier sein rosafarbener Gigant, der aus vielen kleinen Menschen geformt ist.
Ende der Falckensteinstraße, Kreuzberg

4 YELLOW MAN
Der Riese mit dem bohrenden Blick ist von den brasilianischen Zwillingen Os Gêmeos.
Beginn der Oppelnerstraße, nahe U-Bahnstation Schlesisches Tor

5 RAW ♥
Das ehemalige Reichsbahnausbesserungswerk (RAW) wurde von 2002 bis 2012 für Graffitikünstler freigegeben.
Revaler Straße 99, Friedrichshain

6 INNENHOF HAUS SCHWARZENBERG ♥
Werke von Don John, El Bocho und Alaniz.
Rosenthaler Straße 39, Mitte

7 DIVERSE HAUSFASSADEN
Unbekannte Künstler haben sich hier verewigt.
Kreutziger Straße 20, Friedrichshain

8 HOTEL MERCURE
Buntes mehrteiliges Bild der sozialkritischen Projektgruppe Interbrigadas.
Luckenwalder Straße 11, Kreuzberg

9 GEWOBAG-INITIATIVE URBAN NATION ♥
Viermal im Jahr verwandeln internationale Nachwuchskünstler die Bülowstraße und weitere Hausfassaden in der ganzen Stadt in eine Outdoor-Galerie.
Bülowstraße 7, Kreuzberg

10 SUSPENDED
Porträtserie von Alice Pasquini aka AliCé.
Warschauer Straße, gegenüber der Oberbaumbrücke, Friedrichshain

30 MIT DEM BUS KANN JEDER ...

U-Bahn und Bus sind Ihnen zu voll, zu stressig und zu langweilig? Warum sollte man sich unters Volk mischen, wenn es originellere Fortbewegungsmittel wie das Rikscha-Bett, das Wasserflugzeug, das Grill-Boot oder den Trabi gibt? Und los geht's ...

❶ TRABI-SAFARI ♥
Nicht von Pappe – eine Rundfahrt mit dem alten DDR-Schätzchen Trabant.
Schicklerstraße, Mitte

❷ WASSERFLUGZEUG €€€€
Die Cessna 206 startet auf der Spree (Air Service Berlin, am Ende des Treptower Parks, auch Hubschrauberflüge).
Bulgarische Straße, Treptow

❸ U-BAHN-CABRIO €€€
Berliner Underground: Open air und mit 35 km/h durch die U-Bahn-Tunnel.
Start: Alexanderplatz, weit im Voraus buchen unter www.bvg.de

❹ BERLIN MUSICTOURS €€
Musikalische Bustour auf den Spuren von David Bowie und anderen Stars.
www.musictours-berlin.de

❺ BERLIN KUTSCHFAHRT
Nostalgische Kutschfahrten zu zweit, in der Gruppe, mit Champagner, zu Tisch ...
www.berlin-kutschfahrt.de

❻ LIMO4STARS (LIMOUSINE) €€€€
Im pinkfarbenen Chrysler oder im Hummer werden Sie trotz getönter Scheiben auffallen. Exklusive Art, sich von Club zu Club chauffieren zu lassen!
info@limo4stars.de

❼ HISTORISCHE STRASSENBAHN €€€
Mit einer alten Straßenbahn durch Berlin cruisen und Party machen.
BVG, Tel. 030 25 63 03 01

❽ GRILL-BOOT ♥ €
Sehen aus wie orangene Ufos, die runden Motorboote mit dem Grill in der Mitte. Los geht's auf Havel und Tegeler See, eine(r) muss nüchtern bleiben. Ab 35 € pro Std.
www.grill-boot.de, Pohleseestr.1, Spandau

❾ BERLIN HORIZONTAL €
Hinten liegen zwei unterm Plumeau im knallroten Bett, vorn strampelt Richard Eckes. Ab 12 € pro Person, Fotos und Videos im Preis enthalten.
Kontakt: mail@berlinhorizontal.de

❿ SEGWAY €€
Noch ein Fortbewegungsmittel, mit dem man garantiert auffällt: das Segway! Den meisten Spaß hat man in der Gruppe.
berlin.citysegwaytours.com
Panoramastraße 1a, Mitte

31 GESCHICHTE(N) AUF DEM DRAHTESEL

Bewegung und Historie lässt sich bei einer Radtour auf dem Berliner Mauerweg miteinander verbinden. Gut 160 km lang waren die Grenzanlagen, die West-Berlin einschlossen und an denen viele DDR-Flüchtlinge erschossen wurden. Mit dem Rad geht es vorbei an Mauerresten und Wachttürmen, aber auch in wunderschöne Natur, die sich das ehemals zerteilte Gebiet zurückerobert hat. Mehr Infos gibt es unter www.berlin.de/mauer/mauerweg/index/index.de

❶ **POTSDAMER PLATZ-WARSCHAUER STRASSE- SCHÖNEWEIDE (7 KM / 13 KM)** ❤
200 m der Original-Grenzanlagen - ein kleines Stück nur, aber immerhin ...
Stresemannstraße 128, Kreuzberg

❷ **SCHÖNEWEIDE-SCHÖNEFELD-LICHTENRADE (6 KM UND 16 KM)**
Abstecher zum ehemaligen NS-Arbeitslager und zu einem schönen Park.
Bahnhof Schöneweide, Niederschöneweide

❸ **LICHTENRADE- LICHTERFELDE SÜD (12 KM)**
Landschaftlich eine der schönsten Strecken.
Bahnhof Lichtenrade, Lichtenrade

❹ LICHTERFELDE SÜD-GRIEBNITZSEE (15 KM)
Teltowkanal, Knesebeckbrücke und ein ehemaliger Grenzposten am Fluss ...
Bahnhof Lichterfelde Süd, Lichterfelde

❺ GRIEBNITZSEE-WANNSEE (12 KM) ❤
Zu DDR-Zeiten war der Griebnitzsee nicht zugänglich. Durchfahrt der einstigen DDR-Exklave Klein Glienicke.
Bahnhof Griebnitzsee, Rudolf-Breitscheid-Straße 201, Potsdam

❻ WANNSEE-STAAKEN (21 KM)
Fahrt über den Großen Wannsee und zur Grenze zwischen Berlin und Brandenburg.
Bahnhof Wannsee, Kronprinzessinnenweg 250, Wannsee

❼ STAAKEN-HENNIGSDORF (20 KM)
Am Nordwestrand Berlins: vom ehemaligen Grenzbahnhof für die nördliche Transitstrecke in den Spandauer Forst und die West-Berliner Exklave Eiskeller.
Bahnhof Staaken, Spandau

❽ HENNIGSDORF-HOHEN NEUENDORF-HERMSDORF (10 KM UND 6 KM)
Durch eine landschaftlich ansprechende Gegend zur Grenzübergangsstelle Stolpe und rund um den Hubertussee.
Bahnhof Hennigsdorf, Hennigsdorf

❾ HERMSDORF-WOLLANKSTRASSE (15 KM)
Auch für Kinder schön: das Dorf Lübars und die Schönholzer Gartenkolonie.
Bahnhof Hermsdorf Berlin, Reinickendorf

❿ WOLLANKSTRASSE-NORDBAHNHOF-POTSDAMER PLATZ (5 KM UND 7 KM) ❤
Auf einer Kirschbaumallee mit Gedenkstein zurück in die Stadtmitte.
Bahnhof Wollankstraße 110, Pankow

32 BERLIN ALTERNATIV

Das Kunsthaus Tacheles, eines der ältesten besetzten Häuser Berlins, ist tot! Wie tröstlich, dass Dutzende andere Initiativen der Off-Szene sehr lebendig sind: Künstlerkollektive in Industriebrachen, Antifa-Läden, Gemeinschaftsgärten und viele andere Orte der Off-Kultur haben in Berlin einen denkbar fruchtbaren Boden. Bitte begegnen Sie den manchmal sehr privaten Plätzen mit Respekt – und den Menschen sowieso!

❶ ACUD
Kultort der Alternativszene Ostberlins seit den 1990er-Jahren mit Ausstellungen, Konzerten, Theater-Events ... Spannende Mischung aus easygoing, kulturell anspruchsvoll und feierlustig.
Veteranenstraße 21, Mitte

❷ RAW ♥ 👁
Wilde Mischung aus Clubs, Bars, Kunsträumen, Trendsportstätten und lokalen Projekten in einer Industriebrache.
Revaler Straße 99, Friedrichshain

❸ PRINZESSINNENGARTEN ♥ 👁
Urban Gardening in Kreuzberg: Seit 2009

kümmert sich die Initiative Nomadisch Grün darum, in Hochbeeten aus Plastikkörben oder Setzkästen aus Tetrapackungen ein kleines Gemüse- und Blumenparadies zu erschaffen – mit Erfolg.
Prinzenstraße 35–38, Kreuzberg

4 KUNSTQUARTIER BETHANIEN ♥
Druckwerkstatt, Tanzräume, Ateliers, Ausstellungsflächen, Freiluftkino – das Ex-Krankenhaus ist ein bunter Kulturraum.
Mariannenplatz 2, Kreuzberg

5 M99
»Gemischtwaren mit Revolutionsbedarf« lautet die Eigenbeschreibung …
Manteuffelstraße 99, Kreuzberg

6 RED STUFF
Was der Antifa-Aktivist so braucht …
Waldemarstraße 110, Kreuzberg

7 DISORDER REBEL STORE
»The only good system is a sound system« – Antifa-T-Shirts, -Plakate und mehr.
Mariannenstraße 49, Kreuzberg

8 KULTURHAUS TREPTOPOLIS
Im ehemaligen Supermarkt trifft man die Künstler aus dem Tacheles wieder.
Rinkartstraße 18, Oberschöneweide

9 KUNSTBARACKEN
Industriebrache mit Potenzial: auch hier alte Bekannte aus dem Tacheles und viele andere Künstler und Bürgergruppen.
Beilsteiner Straße 51, Marzahn

10 MÖRCHENPARK
Gemeinschaftsgärten und Biotope für Biber, Enten und Otter entlang des Spreeufers.
Holzmarktstraße 25, Friedrichshain

33 BERLIN QUEER

Berlin pflegt sein tolerantes und liberales Image und darf auf eine der lebendigsten LGBT-Szenen (Lesben, Schwule, Bisexuelle und Transgender) der Welt verweisen. Alle sollen nach ihrer eigenen Fasson selig werden: Sei es mit aufregenden Festivals, Partys der Extreme, Fetisch-Läden und Trash-Nachtclubs inklusive Darkroom oder mit den bürgerlicheren und konventionelleren Locations.

❶ **SCHWUZ €**
L-tunes-Nächte, Madonnamania, elektronischer Donnerstag, Populärmusik, SchlagerNacktParty und weitere Specials; drei Dancefloors.
Rollbergstraße 26, Neukölln

❷ **SO36 €€**
Gayhane an jedem letzten Samstag des Monats ist eine orientalische schwul-lesbische Party (ab 23 Uhr).
Oranienstraße 190, Kreuzberg

❸ **KIT KAT CLUB €€**
LGBT-Club mit striktem Dresscode (d. h. halb nackt, Leder, Latex oder Fetisch).

Willkommen im Tempel der sexuellen Freiheit!
Köpenicker Straße 76, Mitte

4 WHAT?! CLUB €€
Peaches & Cream-Partyabende für Lesben und ansonsten alles, was gefällt.
Karl-Liebknecht-Straße 11, Mitte

5 CHANTAL HOUSE OF SHAME AU BASSY CLUB €€
Jeden Donnerstag schillernde Partys mit elektronischer Musik und diversen Live-Acts - durchs Programm führt Transe Chantal.
Schönhauser Allee 176A, Prenzlauer Berg

6 BETTY F* €€**
Gemütliche kleine schwul-lesbische Kellerbar, in der auch Partys steigen.
Mulackstraße 13, Mitte

7 BARBIE DEINHOFF'S €€
Queere rosa-kitschige Retro-Bar. Das internationale Publikum freut sich über die Auftritte von Drag-Queens und anderen schrägen Vögeln.
Schlesische Straße 16, Kreuzberg

8 DENKMAL FÜR DIE IM NATIONALSOZIALISMUS VERFOLGTEN HOMOSEXUELLEN
Grauer Betonblock zur Erinnerung.
Tiergarten, Schöneberg

9 MONGAY IM KINO INTERNATIONAL
Montags schwul-lesbische Filme.
Karl-Marx-Allee 33, Mitte

10 XPOSED INTERNATIONAL QUEER FILM FESTIVAL
Streifzug durch die queere Filmlandschaft (jedes Jahr Ende Mai).
Kottbusser Damm 22, Kreuzberg

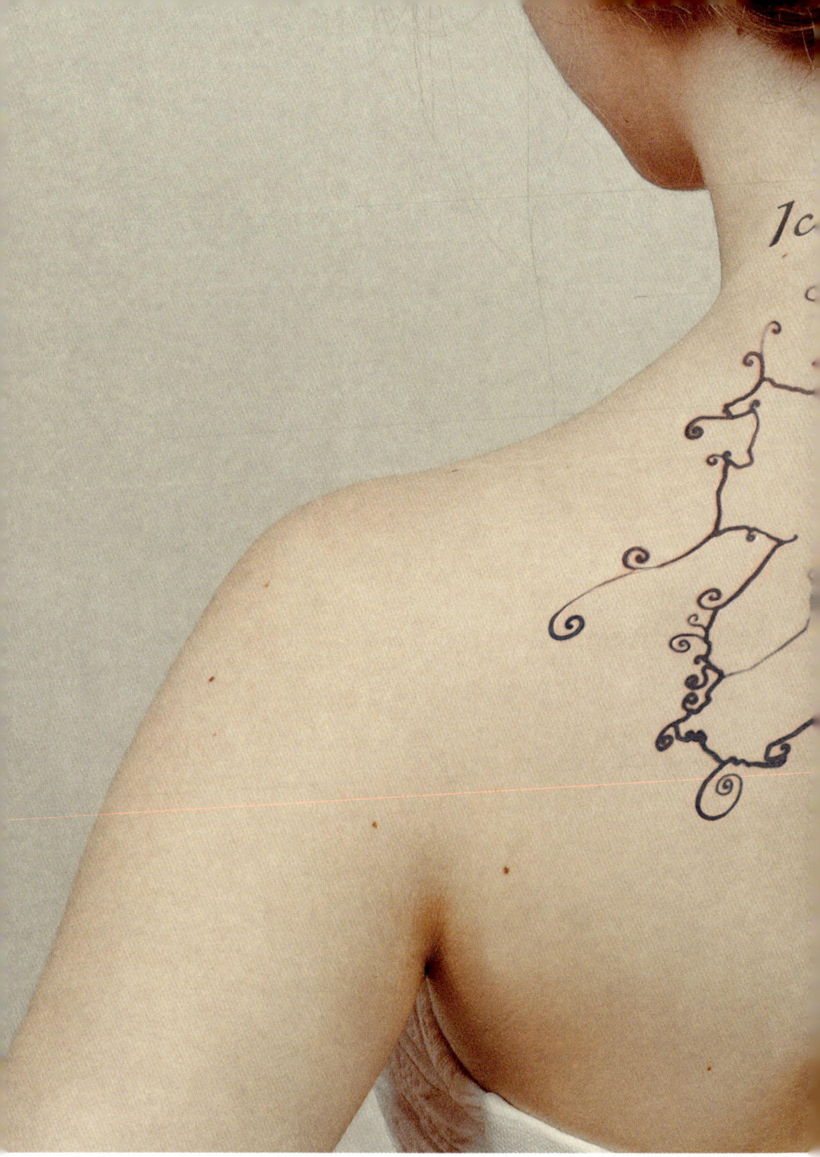

34 TATTOOS – BERLIN GEHT UNTER DIE HAUT

Solch ein Berlin-Souvenir bleibt für immer, deshalb nicht gleich in den erstbesten Laden rennen! Die Tätowiererszene in Berlin ist riesig – von New Traditional und Neo-Japanese über Sketchart und Art Nouveau bis zu ornamental oder grafisch. Tattooliebhaber und solche, die es werden wollen, können aus dem Vollen schöpfen.

1 TATTOO KREUZSTICH
Keine Katalogware, sondern ausschließlich individuelle Arbeiten, viel Schwarz.
Adalbertstraße 85, Kreuzberg

2 UNCLE ALLAN
Die dänische Neo-Traditional-Ikone hat einen Laden auf 600 qm, der schon für sich sehenswert ist.
Hauptstraße 155, 2. Hof, Schöneberg

3 ZOES ZIRKUS
Tätowiererin Sarah Rosenbaum pflegt einen ungewöhnlichen grafischen Stil, der viele Frauen anspricht.
Köpenicker Straße 183a, Kreuzberg

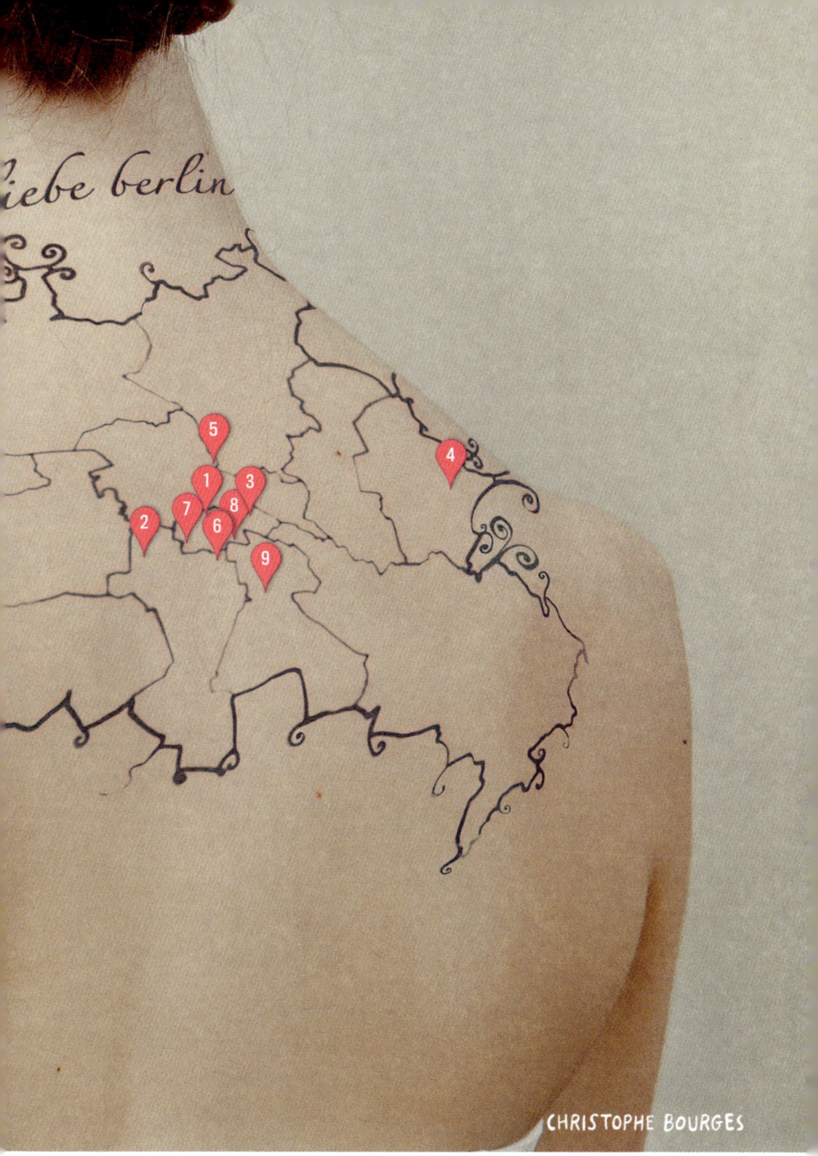

❹ PAVIAN TATTOO
Professionelles und sauberes Studio für Piercings und Tattoos. Ausführung nach Katalogvorlagen und eigenen Wünschen. Freundliche Atmosphäre.
Stollberger Straße 47, Hellersdorf

❺ CARELESS BERLIN
Traditionelle und individuelle Styles, mit angeschlossenem Streetwear-Laden.
Schönhauser Allee 147A, Prenzlauer Berg

❻ TATTOOSTUDIO STICHPIRATEN
Milena und Manoo sind die Piratinnen des Tattoos. Ungewöhnliche Arbeiten.
Pflügerstraße 81, Kreuzberg

❼ BLACK MIRROR PARLOR
Filigrane Arbeiten in Schwarz-Weiß und (wenig) Bunt.
Fichtestraße 25, Kreuzberg

❽ AKA BERLIN
Kunst-Crossover-Galerie mit Schwerpunkt Tattoo, Piercing und Bodymodifikation. Gast-Tätowierer auch aus artfremden Kunstbereichen wie Streetart, Malerei …
Pflügerstraße 6, Kreuzberg

❾ CHORUS TATTOO
Ein Tattoo wie ein Aquarell? Heike betreibt ein Tattoostudio, das auch Galerie und Atelier ist, und entwirft ihre Motive in engem Kontakt mit den Kunden.
Kirchhofstraße 18, Neukölln

❿ DOTS TO LINES
Cool: geometrisch-organische Formen in Großfläche oder die sich schwungvoll an der Längsseite des Körpers entlangziehen.
Adresse nach Terminabsprache, Chaim Machlev: info.dotstolines@gmail.com.

35 ARM, ABER SEXY

Dem Motto Klaus Wowereits, ehemaliger Bürgermeister Berlins, dürfen noch zwei Eigenschaften hinzugefügt werden: Designtradition und eine gewisse Nostalgie. Kein Wunder also, dass Vintage-Läden mit Kleidung, Möbeln und Accessoires blühen. Billig sind die Sachen dort übrigens meistens nicht!

❶ LUNETTES SELECTION €€€
Ob Nerd-, Butterfly- oder Nickelbrille, Horn oder Metall - Liebhaber von Retro-Brillen werden hier fündig.
Dunckerstraße 18, Prenzlauer Berg

❷ PAUL'S BOUTIQUE €€
Sneakers, wohin das Auge schaut, außerdem Vintage-Streetwear.
Oderberger Straße 45, Prenzlauer Berg

❸ JUMBO SECOND HAND €
Schuhe, Schuhe und nochmals Schuhe, dazu große Auswahl an Trainings- und Lederjacken.
Wiener Straße 63, Kreuzberg

❹ FLOHMARKT IM MAUERPARK €€
Jeden Sonntag Flohmarkt im ehemaligen Grenzgebiet zwischen Ost und West. Breites Angebot – Klamotten, Schmuck, Taschen, Schallplatten – von privat.
Bernauer Straße 63–64, Prenzlauer Berg

❺ COLOURS ♥ €€
Die Nadel im Heuhaufen: Vielleicht gelingt es ja anhand der Farben, nach denen die einzelnen Stücke in diesem Hinterhofladen sortiert sind.
Bergmannstraße 102, Kreuzberg

❻ SOEUR €€€
Vintage-Designer-Mode und -Möbel, außerdem die Marken A. P. C. und Madras.
Marienburger Straße 24, Prenzlauer Berg

❼ CALYPSO SHOES €€
High Heels und Plateausohle, schick und punkig – extravagantes Schuhwerk aus dem vergangenen Jahrhundert, teilweise noch ungetragen.
Oderberger Straße 14, Prenzlauer Berg

❽ MADE IN BERLIN €€
Gut sortiert nach Farbe und Art und ganz schön teuer. Extra-Abteilung für Schuhe.
Neue Schönhauser Straße 19, Mitte

❾ HUMANA SECOND HAND ♥ €
Secondhand auf großer Fläche ohne Vintage-Schischi.
Frankfurter Tor 3, Friedrichshain

❿ TROUVÉ ♥ €
Möbel und Lampen mit Industriecharme aus verschiedenen Epochen.
Schwedter Straße 9, Prenzlauer Berg

36 UNGEWÖHNLICHE LÄDEN

Nicht nur in Filmen gibt es skurrile Läden, die ungewöhnliche Dinge verkaufen. Nein, Bertie Botts Bohnen jeder Geschmacksrichtung sind in Berlin nicht im Angebot, dafür aber Ameisen (nicht zum Essen!), nützliche und lustige Erfindungen wie die Tasse mit Marienerscheinung, Eukalyptusknöpfe oder Süßigkeiten aus aller Welt.

❶ **SUGAFARI**
Mit Schokolade und Bonbons einmal um die Welt – Sakuma Drops aus Japan, Mango Chili Lollys aus Mexiko oder Caramello Koalas aus Australien.
Kopenhagener Straße 69, Prenzlauer Berg

❷ **PAUL KNOPF ♥**
Knopfparadies seit 30 Jahren mit historischen Knöpfen und Eigenkreationen wie den Schreibmaschinenknöpfen.
Zossener Straße 10, Kreuzberg

❸ **ANTSTORE**
Ameisen? Ja, hier kann man sein Hobby mit einem Starter Kit (ab 44,90 €)

beginnen, eine Königin *Messor barbarus* (4,90 €) und fünf Arbeiterinnen erstehen oder mit *Carebara diversa* (49,90 €) exotischere Wege gehen.
Selerweg 41, Steglitz

❹ AMPELMANN
Alles rund um das Ost-Berliner Ampelmännchen, das 1961 erfunden wurde.
Unter den Linden 35, Mitte

❺ SCHIRM-SCHIRMER
Billigschirm adé – die Schirme aus österreichischer oder Pariser Fabrikation halten ein Leben lang. Den Laden gibt's seit 1908.
Kieler Straße 6, Steglitz

❻ FREITAG
Die Taschen aus Lkw-Planen sind mittlerweile Klassiker.
Max-Beer-Straße 3, Mitte

❼ DR. KOCHAN SCHNAPSKULTUR
»Ich bin eher so der spirituelle Typ«: köstliche Obstbrände, Bio-Liköre, Cognac und Grappa aus Familienbetrieben.
Immanuelkirchstraße 4, Prenzlauer Berg

❽ ERFINDERLADEN ♥
Nützliches und Lustiges in Kleinserie wie der Ovo Eierstempel oder der Snackholder an der Bierflasche.
Lychener Straße 8, Prenzlauer Berg

❾ ORIGINAL UNVERPACKT ♥
Der erste Laden zum Selbstabfüllen – Mehl, Milch, Süßes, Kosmetik, Reinigungsmittel …
Wiener Straße 16, Kreuzberg

❿ AVE MARIA
Katholische Devotionalien: 40 Sorten Weihrauch, Altarkerzen, Bücher, Figuren.
Potsdamer Straße 75, Tiergarten

37 BERLINER STERNEKÜCHE €€€€

Im Vergleich zu anderen Städten Deutschlands leuchtet's am Sternenhimmel über Berlin recht hell. In den vergangenen Jahren sind hier neue, fantasievolle Küchenchefs wie Kolja Kleeberg und Tim Raue groß rausgekommen. Gute Gründe, seinen Gaumen überraschen zu lassen.

1 PAULY SAAL
Treffpunkt der Künstlerszene in der ehemaligen Jüdischen Mädchenschule. Moderne Küche mit einem Stern.
Auguststraße 11, Mitte

2 LES SOLISTES BY PIERRE GAGNAIRE
Klassische französische Küche, garniert mit einem Stern. Der Maître selbst agiert über den versierten Koch Roel Lintermans von Paris aus.
Hardenbergstraße 28, Charlottenburg

3 CINCO BY PACO PÉREZ
Spanische Kochkunst mit Anleihen aus der Molekularküche, Fisch und Meeres-

früchte stehen im Vordergrund. Mit einem Stern ausgezeichnet.
Hotel Das Stue, Drakestraße 1, Tiergarten

4 REINSTOFF - EDISON HÖFE BERLIN
Avantgardistische Top-Küche von Daniel Achilles in aufgemotzter Industriearchitektur des 19. Jahrhunderts. Zwei Sterne.
Schlegelstraße 26c, Mitte

5 VAU ♥
In der klassischen französischen Küche von Kolja Kleeberg kommen frische saisonale Produkte aus dem Berliner Umland zum Einsatz. Ein Stern.
Jägerstraße 54-55, Mitte

6 TIM RAUE
Die Speerspitze der deutschen Nouvelle Cuisine war dem Michelin zwei Sterne wert.
Rudi-Dutschke-Straße 26, Kreuzberg

7 HORVÁTH
Chefkoch Sebastian Frank interpretiert die österreichische Küche modern. Ein Stern; nur abends.
Paul-Lincke-Ufer 44a, Kreuzberg

8 FISCHERS FRITZ
Christian Lohses gehobene Fischküche mit ebensolchen Preisen in klassischem Ambiente; zwei Sterne.
Charlottenstraße 49, Mitte

9 LORENZ ADLON ESSZIMMER
Inspirierte Weltküche mit zwei Sternen im berühmten Hotel Adlon Kempinski.
Unter den Linden 77, Mitte

10 RUTZ ♥
Marco Müllers kreative deutsche Küche bekam einen Stern. Mit günstigerer Weinbar.
Chausseestraße 8, Mitte

38 SCHLEMMEN AUF BERLINER ART

Eisbein mit Sauerkohl und Erbsenpüree, Buletten und hausgemachtem Kartoffelsalat? Ja, unbedingt, aber man sollte schon wissen, wo. Kleiner Führer durch schnickschnack-freie (Kneipen-)Institutionen – fast ganz ohne Szene. Und lecker!

❶ **LEUCHTTURM €**
Das Essen ist hier kein großes Ding, aber die Bulette hat Neuland-Qualität. Die Kundschaft kommt vor allem wegen der familiären Atmosphäre.
Crellestraße 41, Schöneberg

❷ **DEPONIE NR. 3 €€**
Berliner Hausmannskost in den Bögen unter der Stadtbahn. Tipp: das Frühstück.
Georgenstraße 5, Mitte

❸ **BORNHOLMER HÜTTE €**
Eine der ältesten Kneipen Berlins, in der gut gezapftes Bier sowie Kleinigkeiten wie Buletten und hausgemachter Kartoffelsalat

serviert werden. Viel Stammpublikum.
Bornholmer Straße 89, Prenzlauer Berg

❹ MAX UND MORITZ €€€
Alt-Berliner Wirtshaus mit schönem Gründerzeitmobiliar und guter Berliner und deutscher Küche.
Oranienstraße 162, Kreuzberg

❺ KLEMKES WEIN- UND SPEZIALITÄTENECK ♥ €
Mischung aus Herrn Klemkes gut sortiertem Weinladen und Frau Klemkes Imbiss mit köstlichen Kleinigkeiten.
Mommsenstraße 9, Charlottenburg

❻ WILHELM HOECK €€
Die Kneipe sieht noch aus wie zur Entstehungszeit 1892. Zu essen gibt's Königsberger Klopse und Co.
Wilmersdorfer Straße 149, Charlottenburg

❼ ROGACKI €€
Kleiner Luxus im Stehen: In der ehemaligen Aal- und Fischräucherei stehen die Berliner regelmäßig Schlange für Fisch, Wurst, Fleisch und die selbst gemachten Salate.
Wilmersdorfer Straße 145–146, Charlottenburg

❽ DIENER TATTERSALL ♥ €€
Echte Berliner Kneipe mit viel Patina und deftiger Hausmannskost.
Grolmanstraße 47, Charlottenburg

❾ METZER ECK €
Soleier mit Bratkartoffeln und null Ostalgie.
Metzer Straße 33, Prenzlauer Berg

❿ STÄNDIGE VERTRETUNG ♥ €€
Kneipe der Politprominenz mit rheinischen Klassikern wie Sauerbraten.
Schiffbauerdamm 8, Mitte

39 VEGAN, BIO, GESUND

Die Berliner Bio- und Fair-Trade-Szene ist groß und lebendig, und Vegetarismus und Veganismus sind fast schon zum Mainstream geworden. Das faire und ökologische Angebot reicht von Lebensmitteln und Kosmetika über Imbisse, Cafés und Unterkünfte bis zu Mode und Möbeln.

1 DEARGOODS
Mensch-, tier- und umweltfreundlich will die handgemachte, vegane Mode von DearGoods sein – in Nachbarschaft zum veganen Supermarkt Veganz.
Schivelbeiner Straße 35, Prenzlauer Berg

2 SUPERMARCHÉ
Öko- und Fair-Trade-Mode und -Möbel vornehmlich aus kleinen Projekten.
Lausitzer Platz 11, Kreuzberg

3 MARKTHALLE IX ♥
Dienstags, freitags und samstags großer, bunter Bio-Wochenmarkt in einer wiederbelebten städtischen Markthalle

von 1891. Guter Mittagstisch in der Kantine Neun. Donnerstags Street Food Day.
Eisenbahnstraße 42–43, Kreuzberg

4 UMASAN
High Fashion aus Sojaseide, Bambus-, Holz- und Modalfasern, die ausschließlich in Europa gewonnen werden.
Linienstraße 40, Mitte

5 ALMODÓVAR HOTEL
Die Zimmer von Standard bis gehoben sind mit natürlichen Materialien individuell gestaltet, das Bistro serviert vegetarische Bio-Küche.
Boxhagener Straße 83, Friedrichshain

6 FAST RABBIT
Direkt am Mauerpark gibt's einen veganen Imbiss – die Dirty Rolls probieren.
Eberswalder Straße 1, Prenzlauer Berg

7 DR. POGO VEGANLADEN-KOLLEKTIV ♥
Breites Sortiment veganer Produkte auf 90 qm – Lebensmittel, Kosmetik, Tiernahrung …
Karl-Marx-Platz 24, Neukölln

8 OHLALA ♥
Französisches Café mit veganen Crêpes, Croissants, süßen und deftigen Quiches.
Mainzer Straße 18, Friedrichshain

9 FRECKLES
Café mit super leckeren veganen Kuchen, auch ein Tipp für Allergiker.
Nostitzstraße 33, Kreuzberg

10 VEGANZ
Einer der Ableger der ersten veganen Supermarktkette der Welt. Riesige Bandbreite, nicht zwingend bio.
Schivelbeiner Straße 34, Prenzlauer Berg

40 SONNTAGS-BRUNCH IN BERLIN

Nach durchzechter Nacht oder weil das Wetter so schön ist oder weil man am Wasser so unvergleichlich sitzt oder weil man die sonntäglichen Großtaten nur gut gestärkt übersteht – es gibt viele unschlagbare Gründe, ein ausgedehntes Frühstück in angenehmer Atmosphäre zu sich zu nehmen. Eine Auswahl.

❶ FREISCHWIMMER ♥ €
Kalte und warme Köstlichkeiten direkt am Wasser genießen.
Vor dem Schlesischen Tor 2a, Treptow

❷ DUKE €€€
Erheben Sie das Glas auf Duke Ellington und Louis Armstrong und genießen Sie zu Live-Jazz Feinkostsalate, Räucherfisch, Kurzgebratenes und frisches Obst.
Nürnberger Straße 50–55, Charlottenburg

❸ DATSCHA ♥ €
Brunch auf russische Art mit salzigen und süßen Blini, Pelmeni, Wareniki mitten in

Friedrichshain. Brötchen, Aufschnitt und Marmelade erwartet man hier vergebens.
Gabriel-Max-Straße 1, Friedrichshain

4 CAFÉ EINSTEIN STAMMHAUS ♥ €€€
Im Sommer kann man herrlich im Garten brunchen. Kaffeehaus-Atmosphäre. Nur Reservierer haben eine Chance: Tel. 030 263 91 90.
Kurfürstenstraße 58, Schöneberg

5 CAFÉ AM NEUEN SEE €€
Mitten im Tiergarten unter hohen Bäumen und direkt am Wasser.
Lichtensteinallee 2, Tiergarten

6 NOLA'S €€€
Brunchen mit Schweizer Käse, Speck und Rührei im Schweizer Chalet am Weinberg, Ausblick auf Park und See gibt's gratis dazu.
Veteranenstraße 9, Prenzlauer Berg

7 PARKCAFÉ €€
Soul Food Jazz Brunch im eleganten Glaskubus neben dem Flohmarkt.
Fehrbelliner Platz 8, Wilmersdorf

8 ANNA BLUME €€
Benannt nach dem berühmten Dada-Gedicht von Kurt Schwitters, vereint dieser Ort ein Café, eine Konditorei und einen Blumenhändler.
Kollwitzstraße 83, Prenzlauer Berg

9 STRANDBAD MITTE €€
Entspanntes und günstiges Frühstück – die Kinder können auf den Spielplatz.
Kleine Hamburger Straße 16, Mitte

10 TOMASA KREUZBERG €€
Hübsche Terrasse und baumbestandener Hof, großes Frühstücksangebot.
Kreuzbergstraße 62, Kreuzberg

41 BERLIN FÜR SCHOKOHOLICS

Die köstlichen Bonbons, Pralinen, Schokoladen und Marzipanherzen als Mitbringsel einpacken lassen oder doch lieber gleich selbst aufessen? Glücklicherweise stellt sich diese Frage bei Eis erst gar nicht ...

❶ VANILLE & MARILLE €
Die Eismanufaktur gibt's viermal in Berlin. Natürliche Zutaten, keine Farb- und Aromastoffe sowie ungewöhnliche Sorten wie Prosecco-Minze oder Zitrone-Zimt.
Hagelberger Straße 1, Kreuzberg

❷ RITTER SPORT - BUNTE SCHOKOWELT €€
Hier erfährt man alles über die Schokoladenprodukion und kann später seine persönliche Schokolade kreieren.
Französische Straße 24, Mitte

❸ ERICH HAMANN SCHOKOLADEN €€
Äußerlich unscheinbar, innen Bauhaus-Einrichtung sowie dunkle Schokolade und

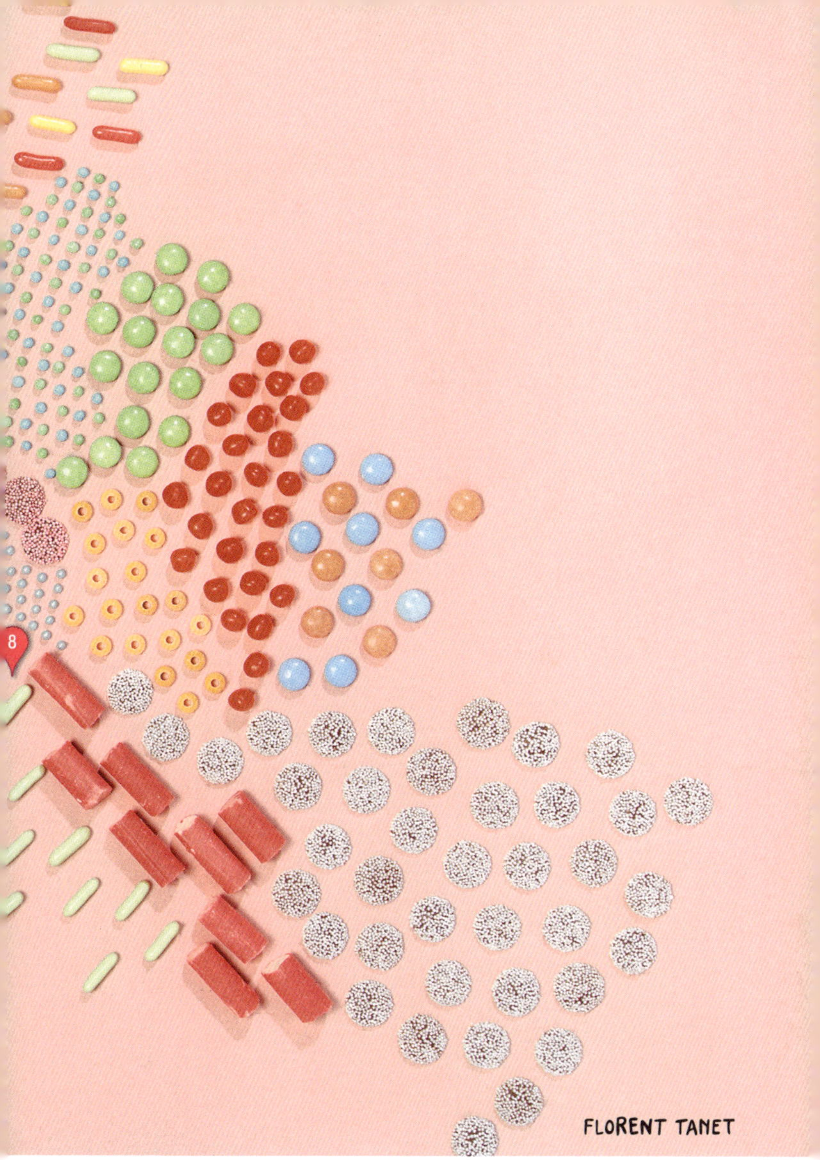

Pralinen zum Niederknien, seit 1912 handwerklich hergestellt.
Brandenburgische Straße 17, Wilmersdorf

4 WINTERFELDT SCHOKOLADEN ♥ €€
Dem Geschäft in einer historischen Apotheke wurde 2012 der Preis für die beste Chocolaterie Deutschlands verliehen.
Goltzstraße 23, Schöneberg

5 SUGAFARI €
2000 Bonbon- und Schokoleckereien, die nach Kontinenten geordnet sind.
Kopenhagener Straße 69, Prenzlauer Berg

6 KADÓ ♥ €
Gut 500 verschiedene Lakritzsorten von naturherb über süß-mild bis salzig – gerollt, gefüllt, dragiert, schokoliert ...
Graefestraße 2, Kreuzberg

7 WOHLFARTH SCHOKOLADE €€
Handwerkskunst zum Essen. Hübsches Geschenk: die klingende Schokoschallplatte.
Choriner Straße 37, Prenzlauer Berg

8 TANNE B €
Sojamilcheis, vegane Fruchtsorbets, Shakes, Kuchen und Waffeln – alles hausgemacht und direkt am Görlitzer Park.
Eisenbahnstraße 48, Kreuzberg

9 HOKEY POKEY €
Originelle Eissorten, lange Schlangen – die Eispâtisserie ist ein Hit.
Stargarder Straße 73, Prenzlauer Berg

10 KÖNIGSBERGER MARZIPAN ♥ €€
Marzipankartoffeln, -herzen, -konfekt, -brote: Die ostpreußische Spezialität wird nach geheimem Familienrezept hergestellt.
Pestalozzistraße 54, Charlottenburg

42 DIE WIEGE DER CURRYWURST €

Wer genau die Currywurst erfunden hat, war lange umstritten, aber dass Berlin ihr Geburtsort ist, keine Frage. Der scharfen Wurst machen schon lange andere Imbiss-Klassiker Konkurrenz: der türkische Döner, der Hamburger, der mittlerweile höhere Manufaktur-Weihen erfahren hat, oder der fleischfreie Falafel, der schon populär war, als Vegetarismus und Veganismus noch in den Kinderschuhen steckten.

❶ MUSTAFA'S GEMÜSE KEBAP
Hähnchendöner mit frisch gebratenem Gemüse, Feta und geheimer Zutat – die langen Schlangen sprechen für sich.
Mehringdamm 32, Kreuzberg

❷ CURRY 36 ♥
Angeblich das Original. Man glaubt's, wenn man die 30 m lange Schlange sieht. Weiterer Laden am Zoo. Curry-36-Ketchup für zu Hause mitnehmen!
Mehringdamm 36, Kreuzberg

❸ KONNOPKE'S IMBISS
Currywurst – was sonst? Konnopke's soll angeblich der Imbiss sein, der 1960 die

erste Currywurst Ost-Berlins verkaufte. Auch hier gibt's ein Ketchup nach Geheimrezept dazu.
Schönhauser Allee 42, Prenzlauer Berg

❹ MERABA NEULAND DÖNER
Der Döner für Ökos: Das Fleisch stammt aus artgerechter Tierhaltung und schmeckt fantastisch.
Greifswalder Straße 32, Prenzlauer Berg

❺ TADIM LAHMACUN
Döner, (Linsen-)Suppen, Dürüm, türkische Pizza – die ganze Palette türkischer Imbisskultur in guter Qualität.
Adalbertstraße 98, Kreuzberg

❻ KONAK GRILL
Schnell, praktisch, lecker – die besten Köfte Berlins.
Reichenberger Straße 10, Kreuzberg

❼ BABEL
Hervorragende Falafel vom Libanesen mit etwas rauem Service.
Kastanienallee 33, Prenzlauer Berg

❽ HABIBI ♥
Falafel, Schawarma und Auberginenmousse gut, schnell und günstig.
Goltzstraße 24, Schöneberg

❾ BURGERMEISTER ♥
Frisch gemachte Hamburger an der U-Bahn-Station Schlesisches Tor.
Oberbaumstraße 8, Kreuzberg

❿ THAI-PARK ♥
Thailändische Frauen kochen im Preußenpark bei schönem Wetter asiatische Speisen und verkaufen sie – lecker, günstig und nicht ganz legal.
Fehrbelliner Platz, Wilmersdorf

43 SCHÖNER AUSGEHEN

Mit unserer Auswahl der spannendsten Bars von klassisch über alternativ bis szenig und Underground sind Sie für einen Berliner Marathon der anderen Art gewappnet. Achtung: Anders als beim sportlichen Event ist Frischluft dabei Mangelware – in vielen Bars und Clubs darf geraucht werden!

❶ GREEN DOOR ♥ €€€
Die hervorragenden Cocktails werden nur für eine begrenzte Anzahl von Gästen gemixt. Deshalb wird einem der Zutritt zur grünen Tür schon mal verwehrt. Drinnen gemütliches Ambiente und gute Musik.
Winterfeldstraße 50, Schöneberg

❷ TAUSEND €€€
Futuristisches Design mit Deckenspiegel und riesigem Auge von Ólafur Elíasson. Viele, auch internationale Promis aus Film, TV und Musik kommen ins Gewölbe unter der S-Bahn-Trasse am Bahnhof Friedrichstraße. Rigide Einlasspolitik.
Schiffbauerdamm 11, Mitte

❸ VICTORIA BAR €€
Schlicht-schöne Bar im Stil von Mad Men. Engagierte Barkeeper mixen perfekte Cocktails.
Potsdamer Straße 102, Schöneberg

❹ WÜRGEENGEL €€
Nach Luis Buñuels Film benannte Cocktailbar mit schöner Patina. Viel italienisches und spanisches Publikum.
Dresdener Straße 122, Kreuzberg

❺ AUGUST II ♥ €€
Goldene Wände, Kristall-Lüster von der Decke und im Keller ein Dancefloor.
Augustraße 2, Mitte

❻ KAFFEE BURGER €
Seit 1890 am Platz: Livekonzerte und Vorträge mit nachfolgendem Tanz.
Torstraße 60, Mitte

❼ ZU MIR ODER ZU DIR €€
In rotes Licht getauchte Retrobar. Ob man hier wegen des Namens leichter Kontakte schließt, gilt es auszuprobieren.
Lychener Straße 15, Prenzlauer Berg

❽ 8 MM €
Schwarz-weiß-Filme auf die Wände und ordentlich Wums auf die Ohren: Velvet Underground, The Stooges, Livekonzerte.
Schönhauser Allee 177b, Prenzlauer Berg

❾ KOSMETIKSALON BABETTE €€€€
Inspirierender Ort für Kunstinteressierte.
Karl-Marx Allee 36, Friedrichshain

❿ TRUST ♥ €€
Viele vertrauensbildende Maßnahmen sollen die Kontaktaufnahme erleichtern ...
Neue Promenade 10, Mitte

44 UND JETZT EIN KÜHLES BIER!

Die Craft-Beer-Welle mit den kleinen und großen Hausbrauereien rollt auch in Berlin, wo Gerstensaft immer schon beliebter war als Wein. Und wo schmeckt ein kühles Bier im Sommer am besten? Richtig, in einem der zahlreichen Biergärten der Hauptstadt.

❶ PRATER GARTEN

Oktoberfest-Atmosphäre im Kleinen unter Kastanienbäumen: Der älteste Biergarten Berlins hat Platz für 600 Gäste.
Kastanienallee 7–9, Prenzlauer Berg

❷ GOLGATHA BIERGARTEN

Ein Biergarten auf dem Dach nach dem Spaziergang im Kreuzberger Viktoriapark. Relaxte Atmosphäre.
Dudenstraße 40–64, Kreuzberg

❸ BRAUHAUS LEMKE

Die kleine Handwerksbrauerei hat schon über 40 Biere gebraut. Serviert wird typische und gute Brauhausküche.

Draußen ist der Blick aufs Schloss Charlottenburg das Highlight.
Luisenplatz 1, Charlottenburg

4 ZOLLPACKHOF BIERGARTEN ♥
Berlin, wie bist du schön: liegt direkt an der Spree mit Blick aufs Bundeskanzleramt und die Moltkebrücke.
Elisabeth-Abegg-Straße 1, Mitte

5 BREWBAKER
Hier wird das selbst gebraute Bier verkostet und kaufen kann man es auch. Nur einen echten Ausschank gibt es (noch) nicht. www.brewbaker.de
Sickingenstraße 9-13, Moabit

6 SCHLEUSENKRUG ♥
Herrlicher Blick auf die Boote an der Tiergartenschleuse, in Zoonähe.
Müller-Breslau-Straße, Tiergarten

7 EMILS BIERGARTEN ♥
Zwischennutzung mit Biergarten, Pizzeria und Kunst auf dem denkmalgeschützten Gelände der ehemaligen Willner-Brauerei.
Berliner Straße 80-82, Pankow

8 BRAUHAUS COEPENICK
Angeblich die kleinste Brauerei der Republik mitten auf dem Schlossplatz.
Grünstraße 24, Köpenick

9 HOPS & BARLEY
Kleine Hausbrauerei mit Pils, Weizen und Dunklem sowie Spezialbieren.
Wühlischstraße 22-23, Friedrichshain

10 BRAUHAUS GEORGBRAEU
Selbst gebrautes Bier, gute Küche und viel Platz drinnen und draußen am Spreeufer und nicht weit von der Museumsinsel.
Spreeufer 4, Mitte

45 MUSIK, MUSIK, MUSIK

Wenn große oder kleine Künstler auf Welttournee gehen, dann finden sie in Berlin auf jeden Fall die passende Bühne. Osteuropäische Balkan-Rockgruppen zu entdecken, ist wunderbar. Aus dem Programm von sage und schreibe drei Opernhäusern oder der Philharmonie auswählen zu können, ist eine Offenbarung.

❶ LIDO ♥
Weder zu groß noch zu klein: Das Lido gilt als eine der besten Konzerthallen der Stadt.
Cuvrystraße 7, Kreuzberg

❷ ASTRA KULTURHAUS
Livekonzerte, Partys sowie Independent-Tanznächte unter einem Dach.
Revaler Straße 99, Friedrichshain

❸ MAX-SCHMELING-HALLE
Multifunktionshalle, in der Sportveranstaltungen und Konzerte stattfinden.
Am Falkplatz 1, Prenzlauer Berg

4 C-HALLE
Ehemalige Sporthalle für amerikanische Soldaten. Nach ihrem Umbau Konzertsaal mit über 3000 Plätzen.
Columbiadamm 13–21, Neukölln

5 MAGNET CLUB
Breite Palette an Konzerten: Indie, Pop, Britpop, Electro und vor allem Rock.
Falckensteinstraße 48, Kreuzberg

6 DEUTSCHE OPER BERLIN ♥
Das größte Opernhaus Berlins, ein imposanter Betonbau aus den 1960er-Jahren, hat eine hervorragende Akustik.
Bismarckstraße 35, Charlottenburg

7 KOMISCHE OPER BERLIN
Abwechslungsreiches Programm und viele moderne Inszenierungen.
Behrenstraße 55–57, Mitte

8 STAATSOPER IM SCHILLER THEATER
Daniel Barenboim ist Chefdirigent auf Lebenszeit der Staatskapelle Berlin und Generalmusikdirektor der Staatsoper Unter den Linden. Seit 2010 wird das Gebäude restauriert, weshalb das Schiller Theater als Ersatzspielstätte dient.
Schiller Theater: Bismarckstraße 110, Charlottenburg

9 BERLINER PHILHARMONIKER ♥
Das weltweit führende Orchester besteht seit 1882 und wird noch von Sir Simon Rattle dirigiert.
Herbert-von-Karajan-Straße 1, Tiergarten

10 KONZERTHAUS
Klassische Konzerte mit dem traditionsreichen Konzerthausorchester.
Gendarmenmarkt, Mitte

46 JAZZ UND BLUES LIVE

Totgesagte leben länger! Jazz und Blues haben sich einer Frischzellenkur unterworfen und locken junge Bühnenkünstler und Zuhörer zu Jam Sessions und Gigs. Berlins Jazzkultur aus Traditionalisten, Improvisationstalenten und internationalen Crossover-Musikern lebt!

1 B-FLAT ♥ €
Jeden Mittwochabend Jam Sessions mit wechselnden Gastmusikern.
Rosenthaler Straße 13, Mitte

2 A-TRANE ♥ €€
Kleiner, intimer Rahmen für die Auftritte internationaler Jazzgrößen.
Pestalozzistraße 105, Charlottenburg

3 YORCKSCHLÖSSCHEN €€
Die Kreuzberger Institution ist seit 30 Jahren erste Adresse für Freunde des Jazz, Blues, Swing, Soul und Funk. Auch gut zum Essen.
Yorckstraße 15, Kreuzberg

4 JAZZKELLER 69 €€
Jeden Freitag Jazz live im Aufsturz-Club. Viel Experimentelles, viele Biersorten.
Oranienburger Straße 67, Reinickendorf

5 BADENSCHER HOF €€
Exzellente Jazz- und Bluesmusiker hautnah, mit Barbereich und Hinterraum, wo man unbedingt reservieren sollte.
Badensche Straße 29, Wilmersdorf

6 RICKENBACKERS MUSIC INN €€
Blues, Jazz, Funk. Von bekannten und unbekannten Größen in schönster Pub-Atmosphäre. Verhungern muss man auch nicht.
Bundesallee 194B, Wilmersdorf

7 BADEHAUS SZIMPLA MUSIKSALON €€
Zu Hause im ehemaligen Badehaus der Arbeiter des alten Reichsbahnausbesserungswerksgeländes, gibt es hier neben Sessions auch Partyreihen und Tanzabende jenseits des Mainstream.
Revaler Straße 99, Friedrichshain

8 DAS EDELWEISS €
Die Jam Sessions an jedem Dienstag im Restaurant am Görlitzer Park bringen Berliner Jazzmusiker auf den Plan.
Görlitzer Straße 1, Kreuzberg

9 CAFÉ SANDMANN €
Seit 1981 Neuköllner Kiezkneipe mit regelmäßigen Jam Sessions.
Reuterstraße 7, Neukölln

10 QUASIMODO ♥ €€
Einer der ältesten Jazzclubs in Berlin, in der schon musikalische Schwergewichte wie Chick Corea und Herbie Hancock aufgetreten sind.
Kantstraße 12 a, Charlottenburg

AUSGEHEN

47 DIE ERFINDUNG DES TECHNO

Die ersten Technopartys gab's nach dem Mauerfall in den Industriebrachen und leeren Kellern Ost-Berlins – angefangen beim legendären Tresor und noch lange nicht aufgehört beim Berghain, das vielen als bester Technoclub der Welt gilt. Nirgendwo sonst kann man in so vielen Electroclubs von Freitagabend bis Montagfrüh durchtanzen und -feiern. Oft variieren die Eintrittspreise je nach Set oder Renommee der DJs.

1 BERGHAIN UND PANORAMA BAR ♥
Mythenbehafteter Technoclub in altem Heizkraftwerk für Menschen aller sexuellen Orientierungen – wild, orgiastisch, genial! Drei Ebenen mit Tanzflächen für 1500 Menschen und hämmernde Musik nonstop.
Rüdersdorfer Straße 70, Friedrichshain

2 SKY CLUB
Techno, Electro und House im 12. und 15. Stock mit Dachterrasse.
Alexanderstraße 7, Mitte

3 WATERGATE
Bekannt für sein LED-Laufband am oberen Dancefloor und seine ungewöhnlichen

Sets. Auf der Terrasse steht man mit den Füßen fast in der Spree.
Falckensteinstraße 49, Kreuzberg

4 ARENA CLUB
Im kleinen, versteckten Club neben dem Badeschiff legen auch mal DJ-Größen wie David Guetta auf.
Eichenstraße 4, Treptow

5 TRESOR
Im Tresor startete die deutsche Technobewegung. Der alte Club musste 2005 schließen und wurde 2007 in einem ehemaligen Heizkraftwerk wiedereröffnet.
Köpenicker Straße 70, Kreuzberg

6 GOLDEN GATE
Abgefahrener, authentischer Electroclub mit kostenlosem Wasser für alle.
Schicklerstraße 4, Mitte

7 SALON - ZUR WILDEN RENATE
Mehrere kleine Etagen mit Lounge-Atmosphäre im originellen Barockstil. Am Wochenende Electro.
Alt-Stralau 70, Friedrichshain

8 KATER BLAU ♥
Nachfolger von 2 legendären Technoclubs auf der sonnigen Spreeseite - mit Schiff.
Holzmarktstraße 25, Friedrichshain

9 SUICIDE CIRCUS
Sehnsucht nach dem Berlin der 1990er? Dieser Industrial-Club auf dem RAW-Gelände könnte helfen. Mit Open-Air- und Indoor-Dancefloor.
Revaler Straße 99, Friedrichshain

10 OHM ♥
Neue Berliner Szene im ehemaligen Shift.
Köpenicker Straße 70, Kreuzberg

48 DER DANCEFLOOR BEBT

Es gibt Alternativen zu Techno! Wussten Sie zum Beispiel, dass Berlin nach Buenos Aires als die zweite Hauptstadt des Tangos gilt? Und auch zu Salsa, Indie, Reggae, Swing oder Blues kann man in Berlin ganz prima Tanzbein und Hüften schwingen.

❶ YAAM ♥ €€
Strand, Tanz- und Partylocation mit Karibikfeeling am Ufer der Spree.
Stralauer Platz 33-34, Friedrichshain

❷ CLÄRCHENS BALLHAUS ♥ €€
Tanzabende mit DJane Clärchen, Tanzkurse und die Wiederentdeckung des prachtvollen Spiegelsaals lassen die Gründerzeit-Institution lebendig wirken wie am ersten Tag.
Auguststraße 24, Mitte

❸ ASTRA KULTURHAUS €€
Jeden Monat Electro Swing Party.
Revaler Straße 99, Friedrichshain

❹ HAVANNA €€
Für Freunde der Latin Music: Salsa, Merengue, Bachata, Mambo und Reggaeton, für Ungeübte auch mit Tanzanleitung. Das Publikum verteilt sich auf vier Dancefloors und sieben Bars.
Hauptstraße 30, Schöneberg

❺ FRANNZ CLUB €€
Jeden Donnerstag Social Dance mit Lindy Hop, Charleston und Swing in der Kulturbrauerei.
Schönhauser Allee 36, Prenzlauer Berg

❻ GRÜNER SALON €
Zur Einrichtung im Stil der 1920er-Jahre passen die Tango- und Swingabende.
Rosa-Luxemburg-Platz 2, Mitte

❼ BALLHAUS RIXDORF €€
Samstags gibt's die lange Tanznacht mit Tango und Milonga, unter der Woche nur Studiobetrieb.
Kottbusser Damm 76, Kreuzberg

❽ STATTBAD ♥ €€€
Charme der 1960er-Jahre: Das ehemalige Weddinger Stadtbad ist seit 2009 Kulturzentrum mit viel Street- und Urban Art. Tanznächte im Pool, ohne nass zu werden.
Gerichtstraße 65, Wedding

❾ KATER BLAU €€
Sympathischer Electroclub mit Außenbereich direkt am Ufer der Spree!
Holzmarktstraße 25, Friedrichshain

❿ PURO SKY LOUNGE €€
Penthouse Club im 20. Stock, in dem auch schon Beyoncé und Bruno Mars abgefeiert haben, mit 360-Grad Blick!
Tauentzienstraße 9-12, Charlottenburg

49 GUTE NACHT IN BERLIN

Romantisch, exotisch, luxuriös, trendy, designt, mit schönem Blick, gastfreundlich – man kann in Berlin vielleicht nicht alles auf einmal haben, aber dafür aus zahlreichen, mitunter verrückten Übernachtungsmöglichkeiten auswählen. Und wer sich edle Luxusherbergen nicht leisten kann, schaut wenigstens auf einen Kaffee oder Drink vorbei.

1 HÜTTENPALAST ♥ €€
Draußen-Gefühl, aber drinnen: Schlafen im Wohnwagen, der von einer Holzhütte geschützt ist, diese wiederum umhüllt von einer ehemaligen Fabrikhalle.
Hobrechtstraße 65–66, Neukölln

2 OSTEL DDR DESIGN HOSTEL ♥ €€
Zeitreise in die DDR-Wohnkultur der 1970er- und 80er-Jahre mit Schrankwand Karat. In der Nähe des Ostbahnhofs.
Wriezener Karree 5, Friedrichshain

3 ARTE LUISE KUNSTHOTEL €€
In einem klassizistischen Stadtpalais mit modernem Anbau haben sich 50 Künstler

ausgetobt und individuelle Zimmer gestaltet. Luisenstraße 19, Mitte

❹ **HOTEL PLUS €**
Hostel und Hotel in einem historischen Schulgebäude mit Innenpool.
Warschauer Platz 6, Friedrichshain

❺ **MICHELBERGER HOTEL ♥ €€€**
Designhotel in einer ehemaligen Fabrik mit gemütlich-szeniger Multifunktionslobby. Mit Massageraum und Biergarten.
Warschauer Straße 39–40, Friedrichshain

❻ **25HOURS HOTEL BIKINI BERLIN €€€€**
Die eine Hälfte der hübsch designten Zimmer schaut aufs Affen- und Elefantenhaus im Zoo, die andere auf die Stadtkulisse.
Budapester Straße 40, Charlottenburg

❼ **PROPELLER ISLAND CITY LODGE €€**
Komponist Lars Stroschen hat ein Gesamtkunstwerk kreiert mit Zimmern, die Gummizelle oder Therapie heißen – verrückt.
Albrecht-Achilles-Straße 58, Teltow

❽ **DIE FABRIK €**
Zimmer ohne TV und Minibar in einem Fabrikgebäude der Jahrhundertwende.
Schlesische Straße 18, Kreuzberg

❾ **HOTEL ADLON KEMPINSKI €€€€€**
Das Luxushotel ist wegen der vielen Prominenz aus Politik und Kultur, die hier residiert (hat), ein Berliner Mythos.
Unter den Linden 77, Mitte

❿ **HOTEL DE ROME €€€€€**
Fünf-Sterne-Institution in der ehemaligen Geschäftszentrale der Dresdner Bank.
Behrenstraße 37, Mitte

50 RAUS AUS DER CITY

So weit muss man gar nicht fahren, um dem Großstadttrubel zu entfliehen. Viele Ziele sind von Berlin aus ganz umweltfreundlich und schnell mit Fahrrad, Bahn, S-Bahn oder Bus erreicht. Gönnen Sie sich einen Tag Auszeit am See, im Schloss, im Kloster oder mit der Schmalspurbahn.

❶ **SCHLOSS SANSSOUCI** ♥ 👁
Friedrich der Große wünschte sich einen Ort »ohne Sorge« und herausgekommen ist dieses kleine Versailles vor den Toren Berlins mit Weinterrassen vorm Schloss.
Maulbeerallee, Potsdam

❷ **LIEBERMANN-VILLA** 👁
Die Sommervilla am Wannsee war für den Maler Max Liebermann Zufluchtsort vor den Ablenkungen der Stadt.
Colomierstraße 3, Wannsee

❸ **NEU VENEDIG**
›Far niente‹ unter Trauerweiden auf den verzweigten Wasserästen der Müggelspree

im äußersten Osten Berlins. Die Datschen gehörten früher DDR-Funktionären.
Zwischen Rialtoring und Lagunenweg, Rahnsdorf

4 MARZAHNER BOCKWINDMÜHLE
Museumsmühle mit echtem Müller, dem, wer mag, zur Hand gehen kann.
Alt-Marzahn 63, Marzahn

5 STRALAUER HALBINSEL
Industrieflair und dörflicher Charme auf einer Landzunge zwischen Spree und Rummelsburger See.
Alt-Stralau, Tunnelstraße, Stralau

6 KLOSTER CHORIN
Im Norden Berlins liegt die ehemalige Zisterzienserabtei malerisch in den Brandenburger Feldern.
Amt Chorin 11a, Chorin

7 VOLKSPARK JUNGFERNHEIDE ♥
Perfekt im Sommer: das Strandbad.
Jungfernheideweg 60, Charlottenburg

8 PARKEISENBAHN WUHLHEIDE
Die Schmalspurbahn wird als ehemalige Pioniereisenbahn der DDR von Kindern betrieben und fährt durch den Volks- und Waldpark Wuhlheide.
An der Wuhlheide 189, Köpenick

9 GREENWICH PROMENADE
Beliebte Spaziermeile am Tegeler See. Zahlreiche Rundfahrten starten von der Dampferanlegestelle.
Greenwich Promenade, Alt-Tegel

10 LIEPNITZSEE ♥
Sehr sauberer See im Norden Berlins mit Insel Großer Werder und Badefreuden.
Wandlitzer Chaussee, Wandlitz

BERLIN ZUM SELBSTGESTALTEN

Wir haben Ihnen Berlin in 50 ganz unterschiedlichen Kapiteln vorgestellt, haben Ihnen oftmals ungewohnte Einblicke in die Stadt gegeben und Ihnen unsere Lieblingsorte und Geheimtipps verraten. Unseren Illustratoren war es ein Herzensanliegen, die Stadt witzig und unkonventionell, aber immer liebevoll darzustellen. Jetzt sind Sie dran! Erschaffen Sie hier Ihr ganz persönliches Berlin.

1

GREYGOUAR

PRAKTISCHE TIPPS FÜR BERLIN

BERLIN IM WEB

www.visitberlin.de, www.berlin.de, www.muxmaeuschenwild-magazin.de

SICH ORIENTIEREN IN BERLIN

Berlin ist in drei Tarifzonen aufgeteilt: AB, BC und ABC. Die Tarifzone AB umfasst das gesamte Stadtgebiet bis zur Stadtgrenze, der Bereich ABC zusätzlich das Berliner Umland und Potsdam.

INFORMATIONEN FÜR TOURISTEN

Call Center: Tel. 030 25 00 25, Mo–Fr 8–19, Sa, So 9–18 Uhr.
Im Hauptbahnhof: Europaplatz 1, 10557 Berlin, tgl. 8–22 Uhr
Neues Kranzler Eck: Kurfürstendamm 22, 10719 Berlin, April–Oktober Mo–Sa 9.30–20, So 10–18 Uhr; November–März Mo–Sa 9.30–19 Uhr
Brandenburger Tor: Pariser Platz, 10117 Berlin, April–Oktober tgl. 9.30–19 Uhr; November–März tgl. 10–18 Uhr

WANN IST WAS GEÖFFNET?

Banken: Mo–Fr 9.30–18, einige wenige samstags bis 13 Uhr
Bars: 18–1 Uhr, z. T. später
Geschäfte: Mo–Sa 10–20 Uhr
Museen: in der Regel Di–So 10–18 Uhr
Post: Mo–Fr 9–18 Uhr, Sa bis 13 Uhr
Restaurants: ca. 11–23 Uhr
Öffentlicher Nahverkehr:
S-Bahn, U-Bahn und Tram in der Woche von 4–1.30 Uhr, am Wochenende fahren rund um die Uhr Nachtbusse zwischen 1 und 4.30 Uhr, durchschnittlich alle 30 Minuten

WIE TEUER IST WAS?

Trinkgeld: Die Bedienung ist im Preis inbegriffen. War der Service besonders gut, gehört es zum guten Ton, 5–10 % der Rechnung zusätzlich zu honorieren.
Ein Sandwich: 3,50–6 €
Eine Mahlzeit: 15–20 €
Ein Bett in der Jugendherberge: 10–20 €
Ein Standardzimmer: 50–90 €
Ein Eintritt im Museum: 8–15 €.
Ermäßigungen in Museen und anderen touristischen Attraktionen gewähren die Berlin WelcomeCard (www.berlin-welcomecard.de), der Berlin Museum Pass (www.visitberlin.de) und die CityTourCard (www.citytourcard.com).

WIE FUNKTIONIERT DER ÖFFENTLICHE NAHVERKEHR?

Mit einem gültigen Fahrschein können Sie in Berlin alle öffentlichen Verkehrsmittel der BVG (Berliner Verkehrsbetriebe) und der S-Bahnen (S1, S2 etc.), U-Bahnen (U1, U2 etc.), Busse, Straßenbahn/Tram und Fähren nutzen. Der Preis für das Ticket richtet sich nach Tarifzone und Gültigkeitsdauer.
Busse haben eine besondere Beschilderung: Ein ›X‹ vor der Ziffer kennzeichnet die Expressbusse, die nicht an jeder Haltestelle auch tatsächlich halten. Ein ›N‹ markiert die Nachtbusse, während das ›M‹ für den Metrobus steht, der die ganze Woche rund um die Uhr fährt.
Einfache Fahrt, Zonen AB: 2,70 €, ermäßigt 1,70 €; 4er-Ticket 9 €
Einfache Fahrt, Zonen ABC: 3,30 €, ermäßigt 2,40 €
Kurzstrecken-Ticket: 1,60 €, ermäßigt 1,20 €, für maximal 3 Stationen mit der U-Bahn (mit Umsteigen) oder 6 Stationen mit Bus oder Tram (ohne Umsteigen)
Tages- oder Wochenticket, Zone AB : 6,90 € für 1 Tag, 29,50 € für 1 Woche
Gruppenticket (bis max. 5 Personen): 16,90 € für 1 Tag
Die Fahrkartenautomaten akzeptieren keine ausländischen Bankkarten. Werfen Sie Münzen ein oder kaufen Sie Ihr Ticket am Schalter. Gruppen- und Dauerkarten müssen unbedingt entwertet werden.
Die Buslinien 100 und 200 kann nutzen, wer die Hauptsehenswürdigkeiten der Stadt abfahren möchte.

Taxi fahren
Spree Funk: Tel. 030 44 33 11; Funk Taxi: Tel. 030 26 10 26; Taxi Berlin: Tel. 030 20 20 20
Alle Wagen müssen mit einem Taxameter ausgestattet sein. Grundpreis: 3,20 €; 1,79 € für die ersten 7 Kilometer, für jeden Folgekilometer 1,28 € extra. Wer einen Wagen auf der Straße anhält und weniger als 2 km mit dem Taxi fährt, zahlt einen Festpreis von 4 € (Kurzstreckentarif). Trinkgeld: ca. 10 % des Gesamtpreises.

WAS IST LOS IN DER STADT? – VERANSTALTUNGSKALENDER

Feiertage: 1. Januar/Neujahr, Karfreitag, Ostersonntag und Ostermontag, 1. Mai/Tag der Arbeit, Himmelfahrt (ein Donnerstag 40 Tage nach Ostern), Pfingstsonntag und Pfingstmontag, 3. Oktober/Tag der Deutschen Einheit, 31. Oktober/Reformationstag (in Brandenburg und Berlin), 25. und 26. Dezember/1. und 2. Weihnachtstag

Januar Lange Nacht der Museen: ein Ticket für nahezu alle Museen der Stadt, von 18 bis 2 Uhr; findet zweimal im Jahr statt. www.lange-nacht-der-museen.de
Berlin Fashion Week: Hier trifft sich alles, was Rang und Namen in der Modebranche hat zu den internationalen Modeschauen, im Januar und Juli. www.fashion-week-berlin.com
Internationale Grüne Woche: Neun Tage lang findet eine große Ausstellung zu den Themen Ernährung, Landwirtschaft und Gartenbau statt. www.gruenewoche.de
Februar Berlinale: Zwei Wochen lang finden die internationalen Fimfestspiele in der Metropole statt und bringen die Stadt ordentlich durcheinander. Der Promifaktor ist hoch und die alles beherrschende Frage heißt: Wer gewinnt den Goldenen Bären? www.berlinale.de

März MaerzMusik: Festival für moderne Kunst und Zeitfragen im Haus der Berliner Festspiele.
www.berlinerfestspiele.de/maerzmusik
Internationale Tourismus Börse: Internationale Messe für Tourismus
April Achtung Berlin: Eine Woche lang werden Filme von Berliner und Brandenburger Filmemachern gezeigt, in verschiedenen Kinos der Stadt.
www.achtungberlin.de
Lange Nacht der Opern und Theater: Am letzten Wochenende des Monats können Sie einen Blick hinter die Kulissen der Berliner Opern und Theater werfen!
Mai Karneval der Kulturen: große Feier mit über 4000 Tänzern und Musikern aus der ganzen Welt und Paraden durch Kreuzberg.
www.karneval-berlin.de
Juni Museumsinsel Festival: ein multikultureller Austausch mit Konzerten, Workshops u. v. m. auf der Museumsinsel nahe Hackescher Markt.
Christopher Street Day: mit einer bunten Parade demonstrieren Schwule, Lesben, Transgender, Bisexuelle und Heteros für mehr Toleranz.
Juli Classic Open Air: In zauberhafter Atmosphäre erklingen unter freiem Himmel Pop- und Klassikmusik an fünf Tagen auf dem Gendarmenmarkt. www.classicopenair.de
Berlin Fashion Week: internationale Modeschauen mit vielen Stars und Sternchen der Modebranche.
www.fashion-week-berlin.com
August Tanz im August: internationales Festival für zeitgenössischen Tanz.
Berliner Gauklerfest: buntes Straßenfest im Stadtteil Mitte mit Akrobaten, Magiern, Komödianten, Pantomimen u. v. m.
www.tanzimaugust.de
Lange Nacht der Museen: Mit einem Ticket können Sie nahezu alle Museen der Stadt von 18–2 Uhr besuchen, die Lange Nacht findet zweimal im Jahr statt.
www.lange-nacht-der-museen.de
September Musikfest Berlin: Orchester, Chöre und Solisten aus aller Welt präsentieren ihre Künste in der Philharmonie und an anderen Orten in der Stadt.
www.berlinerfestspiele.de/musikfestberlin
Berlin Art Week: Festival für zeitgenössische Kunst. Hunderte von Galerien stellen neue Werke vor. www.berlinartweek.de
Berlin Marathon: Über 40 000 Teilnehmer sind nach Charlottenburg unterwegs.
www.bmw-berlin-marathon.com
Oktober Tag der deutschen Einheit: Am 3. Oktober wird feierlich der Nationalfeiertag begangen.
Festival of Lights: Viele historische Gebäude und bekannte Plätze leuchten zehn Tage lang schillernd in allen Farben des Regenbogens.
www.festival-of-lights.de
November Jazz Fest Berlin: Schon seit 50 Jahren wird vier Tage lang Jazzmusik an mehreren Orten in der Stadt performt.
www.berlinerfestspiele.de/jazzfest
BerMuDa (Berlin Music Days): Festival für elektronische Musik in über 40 Clubs.
www.bermuda-berlin.de
Dezember Zahlreiche Weihnachtsmärkte verschönern die Stadt. Die größten sind in Spandau, am Breitscheidplatz, am Alexanderplatz und am Gendarmenmarkt zu finden.
www.berlin.de/weihnachtsmarkt
Silvester: Silvesterparty am Brandenburger Tor, die wohl größte Party des Jahres in Berlin. Diese Veranstaltung ist eine der weltweit größten Silvester-Open-Air-Veranstaltungen.
www.berliner-silvester.de

GUT ZU WISSEN

Notruf, Feuerwehr und Krankenwagen: 112
Polizei: 110
Auskunft: 00118
Berliner Vorwahlnummer: 030
Zentrales Fundbüro Berlin: 030 902 77-3101
Fundbüro der Berliner Verkehrsbetriebe (BVG): 030 19 449

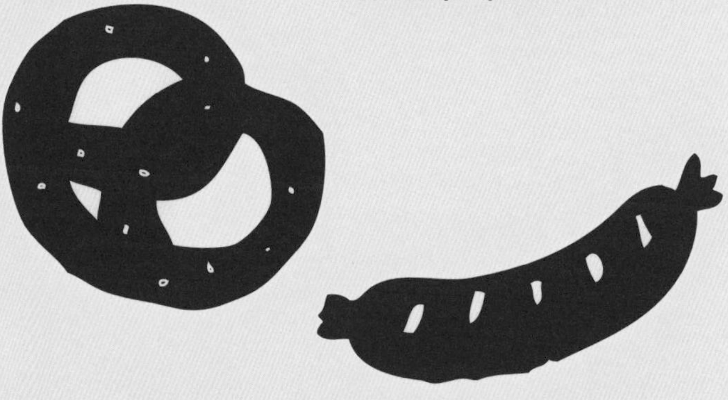

UNSERE ILLUSTRATOREN

Das Besondere an den »50 Maps« sind die wunderbaren Illustrationen, von denen jede für sich ein kleines Kunstwerk ist. Um die Cityguide-Reihe realisieren zu können, brauchten wir an die hundert Illustratoren. Sie wurden wegen ihrer Kreativität, ihrer Originalität oder ihres Bekanntheitsgrades ausgewählt – oder gerade weil sie noch unbekannt waren.

CHRISTOPHE BOURGES

Christophe Bourges arbeitet als 2D-/3D-Ausstatter und Illustrator und erstellt (gemalte) Kulissen für Filmproduktionen von hoher grafischer und filmtechnischer Qualität. Er verwendet für seine Illustrationen wie für seine Kulissenbilder bevorzugt schwarze Tinte und Techniken der Malerei.

BENOÎT CESARI

Benoît Cesari lebt und arbeitet in Montpellier. Er verwendet bevorzugt Filzstifte und schwarze Tinte, Farbe verleiht er seinen Zeichnungen am Computer. Manchmal benutzt er dafür auch farbige Tinte oder Aquarellfarben. Seine Illustrationen sind ein Mix aus Humor und Poesie.

OLIVIER FONTVIEILLE

Olivier Fontvieille ist ein französischer Grafiker und Illustrator. Studiert hat er sowohl an der École Estienne als auch an der École Nationale Supérieure des Arts Décoratifs in Paris. Er unterrichtet Typografie und Buchdesign an der École de Communication Visuelle in Paris und arbeitet als Grafiker und Illustrator für verschiedene Zeitungen und Verlage.

MAXIME GARCIA

Maxime Garcia arbeitet als Illustrator und Regisseur von Animationsfilmen. Er gestaltet Comicbücher, Plakate und animierte Kurzfilme und ist für die grafische Untermalung von Konzerten zuständig. Druckkunst hat er an der École Estienne in Paris studiert, Illustration an der École Supérieure des Arts Décoratifs in Straßburg. Maxime verwendet gerne unterschiedliche Materialien und Techniken – von der Fotografie bis zur Druckkunst.

GREYGOUAR

Der französische Grafikdesigner und Illustrator Greygouar hat eine Leidenschaft für Bilder und deren Bearbeitung. Er wird durch Street Art inspiriert und experimentiert gern mit Medien und Materialien, ob mit Plakaten, Textilien oder sogar Skateboards.

ÉLISE GODMUSE

Die ausgebildete Grafikerin Élise Godmuse lebt in der Nähe von Paris. Als Freelancerin illustriert sie Buchcover und gestaltet Layouts. Sie fotografiert leidenschaftlich gern, am liebsten Porträts, und verarbeitet oft Klischees in ihren Illustrationen und Grafiken.

ADRIEN HERDA

Der Illustrator Adrien Herda stammt ursprünglich aus Lyon, sein Studium führte ihn nach Brüssel an die École Supérieure des Arts Saint-Luc. Er zeichnet mit Bleistift und malt mit Gouache oder Aquarelltinte; je nach Lust und Projekt erschafft er auch digitale Bilder. Seine feinen und stimmungsvollen Illustrationen bilden eine Symbiose aus Erzählung und Zeichnung.

SARAH A. KING

Sarah A. King wurde in London geboren und studierte Grafikdesign an der University of Brighton. Heute lebt sie an der Westküste von Kanada und arbeitet als Illustratorin, als Regisseurin von Animationsfilmen und als Druckkünstlerin. Die Inspiration für ihre archaisch anmutenden, expressiven Illustrationen holt sie sich in der Natur und auf ihren zahlreichen Reisen. Buchstaben und Wörter spielen eine große Rolle in ihren Zeichnungen.

SOPHIE LEDESMA

Sophie Ledesma ist Absolventin der École Supérieure d'Arts Graphiques in Paris und betätigt sich als Textildesignerin und als Illustratorin.

MIGUEL MONTANER

Miguel Montaner wurde in Barcelona geboren, wo er Grafikdesign und Illustration studierte. Sein Stil ist gekennzeichnet durch breite, geometrische Linien, Flächen mit weichen Konturen und kräftigen Farben. Er arbeitet sehr konzeptionell und versteht Illustration vor allem als Mittel der Kommunikation.

BÉNÉDICTE MULLER

Autorin und Illustratorin Bénédicte Muller hat an der École Supérieure des Arts Décoratifs in Straßburg studiert. Ihre einfachen, klaren und eleganten Illustrationen sind von lebendigen Farben, die Bénédict mit Gouache malt, geprägt oder von gedeckten Grautönen beim Lavieren.

GIANPAOLO PAGNI

Gianpaolo Pagni ist Künstler, Buchgestalter und Illustrator. Insbesondere in Künstlerbüchern setzt er wiederholt Stempel ein. Diese Technik ist Teil eines größeren Konzepts und bildet den Grundstock seiner

Arbeit »zu Vermächtnis und Erinnerung«. Viele seiner Illustrationen sind in Zeitungen und Magazinen veröffentlicht worden – sowohl in Frankreich als auch im Ausland.

CHLOÉ POIZAT

Chloé Poizat lebt in Paris und arbeitet in Pré-Saint-Gervais. Nach verschiedenen Ausbildungen in Grafik und Bildender Kunst schloss sie ein Studium an der École Supérieure d'Art et de Design in Orléans ab. Seit zwanzig Jahren arbeitet sie inzwischen als Illustratorin, vorrangig für Zeitungen und Magazine, aber auch für Buchverlage. Darüber hinaus betätigt sie sich als bildende Künstlerin und stellt ihre Arbeiten an öffentlichen Plätzen sowie in Galerien für zeitgenössische Kunst aus.

MIGUEL PORLAN

Miguel Porlan wurde in Barcelona geboren und arbeitet in erster Linie für die internationale Presse. Seine Illustrationen sind nur auf den ersten Blick einfach, stecken dabei aber voller Poesie und vermitteln eine klare Botschaft. Beeinflusst wird er vorrangig von Comics und dem Grafikstil der zweiten Hälfte des 20. Jahrhunderts.

FLORENT TANET

Florent Tanet ist ein französischer Fotograf. Er interessiert sich für Stillleben, Minimalismus und die Kraft von Farben. Bevorzugt verwendet er Dinge des täglichen Lebens, kleine Objekte oder Nahrungsmittel, vor allem Obst und Gemüse. Sie werden so zusammengestellt und arrangiert, dass unerwartete und visuell ansprechende neue Gebilde entstehen.

LEZILUS

Die Agentur Lezilus vertritt seit 2005 vor allem junge Illustratoren und Grafiker. Da sie überwiegend aus Street Culture, Animation, Pixel-Art oder zeitgenössischem Zeichnen kommen, bringen sie neue Impulse in die Welt der Werbung.

ARNAUD BOUTIN

Arnaud Boutin (genannt »Nodar«) ist Illustrator und Regisseur und lebt in New York. Mit seinem ebenso einfachen wie prägnanten Zeichenstil hat er eine humorvolle Welt voller kleiner Figuren geschaffen, die seinen Kosmos bevölkern.

SOUP

Guillaume Kashima (SOUP/FFwG/Funny Fun with Guillaume) ist ein französischer Illustrator. Sein buntes und freches Universum bringt Bewegung in die unterschiedlichsten Bereiche, in denen er arbeitet, von Mode über Grafikdesign bis hin zu Animation. In einer Zeit der Bilder- und Informationsüberflutung verblüfft seine Arbeit durch Einfachheit und Frische.

ILLUSTRISSIMO

Die Agentur Illustrissimo wurde im Jahr 1992 von Michel Lagarde gegründet. Die Agentur repräsentiert europäische Illustratoren sowie Grafiker und Animatoren aus der ganzen Welt.

ICINORI

Mayumi Otero hat eine japanische Mutter und einen spanischen Vater. Zusammen mit dem Franzosen Raphaël Urwiller studierte er an der Straßburger École Supérieure des Arts Décoratifs. Gemeinsam gründeten sie den experimentellen Verlag Icinori, mit dem sie – mal jeder für sich allein, mal zu zweit – die verrücktesten Projekte realisieren. Beide verbindet die Leidenschaft für Druckplatten und Siebdruck.

DELPHINE LEBOURGEOIS

Nach ihrem Abschluss an der École Nationale Supérieure des Beaux-Arts in Lyon ist Delphine nach London ausgewandert, wo sie am Central Saint Martins College of Art and Design ihren Master in Illustration machte. Mithilfe von Collagen sowie anderen Medien und Materialien erschafft sie ein Universum, in dem Zierde zum Konzept gehört und Poesie stets mit Humor einhergeht.
Am liebsten zeichnet sie kleine, witzige Geschichten: von Astronauten, die sich verirrt haben, über Unterwasser-Flugdrachen bis hin zu Lockenwickler-Vögeln.

JACOPO ROSATI

Nach seinem Studium an der Accademia di Belle Arti in Venedig sammelte Jacopo Rosati seine ersten Erfahrungen als Grafiker im Studio Camuffo, wo sein grafisches Universum Gestalt annahm. Er verwendet nur wenige Farben und baut seine kleine Welt aus dekupiertem Wollfilz auf.

CHRISTIAN ROUX
Christian Roux' Bekanntheit erreichte ihren ersten Höhepunkt in den Jahren 1980 bis 1990 unter dem Pseudonym »Cathy Millet«. Nun macht der französische Illustrator in der Grafikerszene erneut von sich reden durch seine feinen Zeichnungen mit chinesischer Tusche. In dreißig Jahren hat der Autodidakt seinen Stil kontinuierlich weiterentwickelt.

KOT
Seit 1993 vertritt KOT Illustration (Paris) mehr als 60 Künstler aus Frankreich und dem Ausland, die für Zeitungen, Magazine und Bücher oder in der Werbung arbeiten.

MAÏTÉ FRANCHI
Die Illustratorin und Grafikerin Maïté Franchi lebt in Lyon. Ihre Arbeiten basieren auf Vektorzeichnungen, Texturen und sie spielen mit der Wirkung von Farben. Sie zeichnet sowohl per Hand als auch mit einem Grafiktablett. Ihr Themenspektrum erstreckt sich von Landschaften über urbanes Leben bis hin zu Figuren und Porträts. Sie arbeitet für Print, Web, Street Art, in der Mode, für Videospiele und im Lebensmitteldesign.

KOIVO
Koivo ist ein russischer Designer und Illustrator. Beim Zeichnen experimentiert er mit Vektorzeichnungen und unterschiedlichen Techniken, um seine farbenfrohen und geometrischen Illustrationen zu erschaffen. Inspiriert wird er vor allem durch Beobachtungen des städtischen Alltags.

ANNA LEX
Anna Lex ist Illustratorin. Sie schneidet aus verschiedenfarbigem oder weißem Papier Formen und Motive aus und setzt sie zu einem Bild zusammen. Dadurch, dass sie ihren Formen Schlagschatten hinterlegt, wirken ihre Bilder wie 3D-Darstellungen, so als ob sie aus dem Papier herausgeschnitzt wären.

IV ORLOV
Iv Orlov ist ein russischer Illustrator. Seine Bilder zeigen ein Zusammenspiel verschiedener Elemente. Seine Linienführung ist präzise und geradezu geometrisch, er verwendet gern stark kontrastierende Farben. Seine Illustrationen wirken durch ihre schematischen, vereinfachten Formen beinahe wie Linol- oder Holzschnitte.

EVA REVOLVER
Die ukrainische Illustratorin Eva Revolver hat an der Hochschule für Angewandte Wissenschaften in Hamburg studiert und lebt in Deutschland. Sie arbeitet für verschiedene deutsche und ukrainische Magazine und Verlage. Einige ihrer Werke sind im Hamburger Museum für Kunst und Gewerbe ausgestellt.

SKOPEIN
Die Illustrationen von Skopein sind sehr reduziert auf klare, stark vereinfachte Formen und Farbflächen. Skopeins moderner Stil, der stark an Pop Art erinnert, ist so einzigartig, dass man seine Porträts und Szenen aus dem Alltag sofort wiedererkennt.

ANA VILLALBA
Ana Villalba ist eine spanische Illustratorin, die in Barcelona Kunst studiert hat. Sie modelliert gerne mit Knetmasse, verwendet aber auch Papier, Karton, Stoff und andere Materialien für ihre Kunstwerke, die sie zum Schluss abfotografiert. Die so entstandenen Illustrationen sind lebendig und farbenfroh.

MARIA ZAIKINA
Die russische Illustratorin Maria Zaikina ist Artdirectorin. Ihre Illustrationen sind stilistisch sehr unterschiedlich und meistens sehr farbenprächtig. Sie zeichnet sowohl per Hand als auch an einem Grafiktablett. Ihre bevorzugten Motive sind Figuren, Landschaften und das städtische Leben.

GARANCE
Garance ist eine Agentur für Illustratoren mit Sitz in den USA. Sie repräsentiert eine Gruppe internationaler Künstler, zu denen auch so mancher Top-Star der Branche gehört. Die Aufträge für die Künstler, die Agence Garance vertritt, kommen sowohl aus der Wirtschaft (Werbekampagnen für große Unternehmen wie Swatch, Coca Cola, Christian Dior) als auch aus der Medienwelt.

ANDREA D'AQUINO
Andrea D'Aquino wurde in New York geboren und arbeitete zunächst als Artdirectorin, bevor sie in ihre heutige Profession als Illustratorin und Grafikdesignerin wechselte. Sie malt mit Rolle oder Pinsel, zeichnet mit Kohle oder Pastellstiften und verwendet Techniken wie Gravur oder Prägung. Für ihre Bilder schichtet sie Farben, Formen und dekupierte Elemente übereinander und kreiert so Arbeiten voller Poesie und Finesse.

CYRIL DESTRADE-LÉVEILLÉ
Cyril Destrade-Léveillé arbeitet als Artdirector und Illustrator und entwickelt passgenau Corporate Identities. Er hat an der ENSAAMA Olivier-de-Serres (École Nationale Supérieure Des Arts Appliqués Et Des Métiers d'Art) und an der École Boulle in Paris studiert. Er arbeitete bei Publicis Design und bei Institutionnel Design in Madrid, bevor er als externer Berater nach London ging. Heute wohnt er in Paris, wo er insbesondere für Hermès tätig ist. Sein bevorzugtes Medium ist das Aquarell.

BENEDITA FEIJÓ

Benedita Feijó ist eine der bekanntesten portugiesischen Grafikerinnen. Nach ihrem Studium am angesehenen Central Saint Martins College of Art and Design in London fing sie an, als Illustratorin in der Werbung und für große Marken zu arbeiten. Darüber hinaus kreiert sie bunte Objekte und erarbeitet traumhaft anmutende Collagen, die sowohl die Natur als auch das urbane Leben thematisch aufgreifen.

CLAIRE LE MEIL

Claire Le Meil ist in Paris geboren und hat dort auch an der École Supérieure d'Arts Graphiques studiert. Ihre Illustrationen sind eine Mischung aus Zeichnung und Falzung.

STÉPHANE MASSA-BIDAL

Stéphane Massa-Bidal ist Künstler, Illustrator, Grafikdesigner und Artdirector – und auch unter dem Namen »Rétrofuturs« oder unter »Hulk4598« bekannt. Er arbeitet an der Entwicklung einer digitalen Ikonografie. Sein Grafikstil ist ausgesprochen fein. Für seine Retro-Illustrationen verwendet er Collagetechniken, die Text und Bild in einen expliziten Zusammenhang zueinander setzen.

LORENZO PETRANTONI

Lorenzo Petrantonis Leidenschaft für grafische Gestaltung und seine Faszination für das 19. Jahrhundert sind die Grundlagen für seine einzigartigen Illustrationen. Nach einem Grafikstudium in Mailand startete er seine Karriere als Artdirector in Werbeagenturen in Frankreich und Italien, wo er Kampagnen für große Marken umsetzte. Seit 2009 arbeitet er ausschließlich als Illustrator. Er verwendet Bilder, Zeichnungen und Typografien aus alten Büchern und Lexika, die er bei Antiquaren und Trödlern aufstöbert. In seinen vielbesprochenen Arbeiten vermischt Lorenzo Petrantoni die Epochen und spielt mit ihnen, um vergessenen Wörtern, Ereignissen oder Personen wieder Leben einzuhauchen oder um die Gegenwart zu verfremden.

IMPRESSUM

ABBILDUNGSNACHWEIS

Unabhängige Illustratoren: © Benoît Cesari : Cover, S. 4–5; © Chloé Poizat : S. 8–9; © Christophe Bourges : S. 10–11, 52–53, 70–71 (Foto: © Shutterstock/asife); © Olivier Fontvieille : S. 12–13, 58–59, 98–99; © Miguel Porlan : S. 16–17, 62–63; © Miguel Montaner : S. 18–19; © Adrien Herda : S. 22–23, 28–29; © Maxime Garcia : S. 26–27, 92–93; © Greygouar : S. 30–31, 74–75, 104–105, Deckblätter; © Sophie Ledesma : S. 38–39, 68–69; © Sarah A. King : S. 42–43; © Élise Godmuse : S. 46–47, 96–97 (Himmel/Gewitterwolken: © Fotolia/theevening, Fotolia/papa); © Gianpaolo Pagni : S. 56–57, 76–77; © Florent Tanet : S. 84–85; © Bénédicte Muller : S. 100–101

Agentur Garance: © Stéphane Massa-Bidal/Retrofuturs : S. 6–7; © Benedita Feijó : S. 36–37; © Andrea D'Aquino : S. 48–49, 86–87; © Claire Le Meil : S. 50–51; © Lorenzo Petrantoni : S. 60–61; © Cyril Destrade-Léveillé : S. 102–103

Agentur Illustrissimo: © Icinori : S. 20–21; © Jacopo Rosati : S. 34–35; © Delphine Lebourgeois : S. 40–41; © Christian Roux : S. 44–45

Agentur Kot Illustration: © Maria Zaikina : S. 24–25; © Anna Lex : S. 14–15, 32–33; © Koivo : S. 64–67; © Eva Revolver : S. 72–73; © Maïté Franchi : S. 80–81; © Ana Villalba : S. 82–83; © Iv Orlov : S. 88–89, 94–95; © Skopein : S. 90–91

Agentur Lezilus: © Arnaud Boutin : S. 54–55; © Soup : S. 78–79

Agentur openclipart: © S. 112

Agentur Shutterstock: © Ints Vikmanis : S. 1; © Satanevich : S. 102, 108–109; © Vectorific Design : S. 106, 107, 110–111; © Annykos : S. 110–111

Deutsche Übersetzungsrechte vermittelt durch Manuela Kerkhoff – International Licensing Agency

Konzept: Philippe Marchand
Art Direction und grafische Gestaltung: Marina Delranc
Französischer Text: Anne-Sophie Coulon
Redaktion der französischen Ausgabe: Laura Stioui
Redaktionsassistenz: Guenola Sacher

Hinweis: Autoren und Verlag haben alle Informationen mit größtmöglicher Sorgfalt geprüft. Gleichwohl erfolgen alle Angaben ohne Gewähr. Bitte schreiben Sie uns! Über Ihre Rückmeldung und Verbesserungsvorschläge freuen wir uns: DuMont Reiseverlag, Postfach 3152, 73751 Ostfildern, info@dumontreise.de

1. Auflage 2016

Übersetzung: Anne Winterling, Köln, Susanne Völler, Köln
Textbeiträge: Anne Winterling, Susanne Völler, Köln
Lektorat: Susanne Völler, Köln
Korrektorat: Dorothea Spottke, Köln
Komplettproducing: Redaktionsbüro Susanne Völler, Köln

ISBN 978-3-7701-8860-4
Printed in Malaysia